Taş Devri Lezzetleri

Paleo Mutfağının Derinliklerine Yolculuk

Aylin Yılmazer

içindekiler

Kök sebze karışımı ile ızgara biftek 9

Asya sığır eti ve sebzeleri 11

Asya lahanası ve lahana salatası ile sedir tahta filetosu 13

Karnabaharlı Peperonata ile tavada kızartılmış üç uçlu biftek 16

Bifteklerde dijon mantarlı poivre var 18

biftek 18

s.o.s. 18

Izgara yassı demir biftek, karamelize soğan, chipotle ve salsa salatası ile 21

biftek 21

Salsa salatası 21

Karamelize edilmiş soğanlar 22

Soğan ve sarımsak "tereyağı" ile ızgara antrikot 24

Izgara pancarlı kaburga salatası 26

Sotelenmiş zencefil lahanalı Kore usulü kısa kaburga 28

Narenciye-rezene Gremolata ile dana kaburga 31

pirzola 31

Tavada kabak 31

Gremolata 31

Hardal ve salatalık salatası ile İsveç usulü biftek 34

Salatalık salatası 34

Yaşamanın bedeli 34

Kızarmış kök ile roka üzerinde kızarmış dana burger 38

Susam kabuklu domatesli ızgara dana burger 41

Baba Ganuş soslu çubukta hamburger 44

Dumanla dolu tatlı kırmızı biber 46

Cabernet soğanlı ve rokalı bizon burgerler 49

Duman ve tatlı patates üzerinde bizon ve kuzu etli kek 52

Elma soslu bizon köftesi ve kabak pappardelleli kuş üzümü 55

Köfteler 55

Elma ve kuş üzümü sosu 55

Kabak pappardelle 56

Kavrulmuş sarımsaklı spagetti kabaklı Bison-porcini Bolognese 58

Etli Bison Chili 61

Izgara limonlu Fas baharatlı bizon bifteği 63

Provence'tan gelen otlarla ovuşturulmuş bizon fileto bifteği 65

Mandalina gremolata ve kereviz kökü püresi ile kahvede kızartılmış bizon kısa
        kaburga 67

marine edilmiş 67

Boğulmuş kaynatın 67

Dana kemik suyu 70

Baharatlı Tatlı Patates ile Ovuşturulmuş Tunus Domuz Omuzu 72

Domuz 72

patates kızartması 72

Küba ızgara domuz omuzu 75

İtalyan baharatlı domuz rostosu sebzeli 78

Yavaş fırında domuz eti bonfile 80

Kimyonla tatlandırılmış domuz eti ve kabak güveci 83

Brendi soslu meyve dolgulu üst biftek 85

Biftek 85

Brendi sosu 85

Porchetta Usulü Kızarmış Domuz Eti 88

Domatesle marine edilmiş domuz eti bonfile 90

Kayısı ile doldurulmuş domuz eti bonfile 92

Çıtır sarımsak yağı ile otlarla kaplı domuz bonfile 94

Hindistan cevizi soslu Hint baharatlı domuz eti 96

Baharatlı elma ve kestane ile domuz eti Scaloppini 97

Kızarmış Domuz Fajita 100

Porto şarabı ve kuru erik ile domuz filetosu 102

Hızlı turşu sebzeli salata kasesinde Moo Shu tarzı domuz eti 104

Turşuluk sebzeler 104

Domuz 104

Macadamias, adaçayı, incir ve tatlı patates püresi ile domuz pirzolası 106

Kavrulmuş üzüm ve ceviz ile biberiye lavanta tavada kızartılmış domuz pirzolası
        108

Izgara brokoli ile Fiorentina domuz pirzolası 110

Escarole ile doldurulmuş domuz pirzolası 113

Dijon Cevizli Kabuklu Domuz Pirzolası 116

Böğürtlen ve ıspanak salatası ile cevizli domuz eti 118

Tatlı ve ekşi kırmızı lahana ile domuz şnitzel 120

Lahana 120

Domuz 120

Ezilmiş sarımsak kökleriyle kızartılmış hindi 122

Pesto sos ve roka salatası ile doldurulmuş hindi göğsü 125

Kirazlı Barbekü soslu baharatlı hindi göğsü 127

Şarapta kavrulmuş hindi eti 129

Frenk soğanı karides soslu tavada kızartılmış hindi göğsü 132

Kök ile haşlanmış hindi budu 134

Karamelize soğan ketçapı ve kızarmış lahana dilimleri ile otlu hindi köfte 137

Türkiye Posole 139

Tavuk kemik suyu 141

Yeşil Harissa somonu 144

Somon 144

Harissa 144

Baharatlı ayçiçeği tohumları 144

salata 145

Marine edilmiş enginar kalbi salatası ile ızgara somon 148

Yeşil domates salsa ile kavrulmuş Şili adaçayı somonu 150

Somon 150

Yeşil domates salsa 150

Papillotlarda kızarmış somon ve kuşkonmaz, limon ve fındıklı pesto ile 153

Mantar ve elma soslu baharatlı somon 155

Jülyen sebzeli Sole en Papillote 158

Dumanlı Limon Kremalı Roka Pesto Balık Tacos 160

Badem kabuklu taban 162

Baharatlı mango fesleğen soslu ızgara morina ve kabak paketleri 165

Pesto dolgulu domatesli Riesling haşlanmış morina 167

Ezilmiş tatlı patates üzerine fıstık kabuğu, kişniş ve kızarmış morina balığı 169

Kavrulmuş brokoli ile biberiye mandalina morina 171

Köri turşulu yeşil morina salatası paketi 173

Limon ve rezene ile kızarmış mezgit balığı 175

Cajun Bamya ve Domates Remoulade ile Cevizli Kabuklu Snapper 177

Avokado-limonlu aioli ile tarhun ton balığı bifteği 180

Çizgili bas tagine 183

Sarımsak soslu halibut ve Soffrito yeşillikli karides 185

Deniz ürünleri ile Bouillabaisse 187

Klasik karides ceviche 190

Hindistan cevizi ve ıspanaklı salata 193

Tropikal karides ve taraklı Ceviche 195

Avokado yağı ile Jamaika Pislik Karides 197

Solmuş ıspanaklı ve radicchiolu karidesli karides 198

Avokado, greyfurt ve jicama ile yengeç salatası 200

Cajun ıstakoz kuyruğunu tarhun aïoli ile pişirin 202

Safranlı aïoli ile midye böreği 204

Yaban havucu böreği 204

Safran Aïoli 204

Midye 204

Pancar aromalı kızarmış deniz tarağı 207

Dereotu turşu salsa ile ızgara deniz tarağı 210

Domates, zeytinyağı ve ot soslu kızarmış deniz tarağı 213

Midye ve sos 213

salata 213

Rezene ve arpacık soğan ile kimyonla kavrulmuş karnabahar 215

Spagetti kabaklı kalın domates ve patlıcan sosu 217

Doldurulmuş Portobello Mantar 219

Kızarmış radikchio 221

Portakal soslu kavrulmuş rezene 222

KÖK SEBZE KARIŞIMI ILE IZGARA BIFTEK

EĞITIM:20 dakika bekleme: 20 dakika ızgara: 10 dakika bekleme: 5 dakika yapım: 4 porsiyon

BIFTEKLERIN ÇOK YUMUŞAK BIR DOKUSU VAR.VE BIFTEĞIN BIR TARAFINDAKI KÜÇÜK YAĞ ŞERIDI IZGARADA ÇITIR VE DUMANLI HALE GELIYOR. HAYVANSAL YAĞLARLA ILGILI DÜŞÜNCELERIM ILK KITABIMDAN BU YANA DEĞIŞTI. PALEO DIYETININ TEMEL PRENSIPLERINE BAĞLI KALIRSANIZ VE DOYMUŞ YAĞLARI GÜNLÜK KALORILERINIZIN YÜZDE 10 ILA 15'I ORANINDA TUTARSANIZ, KALP HASTALIĞI RISKINIZI ARTIRMAZ VE HATTA TAM TERSI DOĞRU OLABILIR. YENI BILGILER, LDL KOLESTEROLÜNÜ YÜKSELTMENIN ASLINDA KALP HASTALIĞI IÇIN BIR RISK FAKTÖRÜ OLAN SISTEMIK INFLAMASYONU AZALTABILECEĞINI ÖNE SÜRÜYOR.

3 yemek kaşığı sızma zeytinyağı

2 yemek kaşığı taze rendelenmiş yaban turpu

1 çay kaşığı ince kıyılmış portakal kabuğu

½ çay kaşığı öğütülmüş kimyon

½ çay kaşığı karabiber

Yaklaşık 1 inç kalınlığında kesilmiş 4 şerit biftek (üst fileto da denir)

2 orta boy yaban havucu, soyulmuş

1 büyük tatlı patates, soyulmuş

1 orta boy şalgam, soyulmuş

1 veya 2 arpacık soğan, ince doğranmış

2 diş sarımsak, kıyılmış

1 yemek kaşığı taze doğranmış kekik

1. Küçük bir kapta 1 yemek kaşığı yağı, yaban turpu, portakal kabuğunu, kimyonu ve ¼ çay kaşığı biberi

karıştırın. Karışımı bifteklerin üzerine yayın; üzerini kapatıp oda sıcaklığında 15 dakika bekletin.

2. Bu arada haşlama için, rende veya rende bıçağı takılı mutfak robotu kullanarak yaban havuçlarını, tatlı patatesleri ve şalgamları doğrayın. Doğranmış sebzeleri geniş bir kaseye koyun; arpacık soğanı ekleyin. Küçük bir kapta kalan 2 yemek kaşığı yağı, kalan ¼ çay kaşığı biberi, sarımsağı ve kekiği birleştirin. Sebzelerin üzerine gezdirin; iyice karışması için karıştırın. 18 x 18 inç ölçülerinde iki kat kalınlıkta folyo yapmak için 36 x 18 inç ağır hizmet tipi folyo parçasını ikiye katlayın. Sebze karışımını folyonun ortasına yerleştirin; Folyonun karşıt kenarlarını kaldırın ve çift katla kapatın. Kalan kenarları sebzeleri tamamen kapatacak şekilde katlayın ve buhar için yer bırakın.

3. Kömürlü veya gazlı ızgara için biftekleri ve folyo paketini doğrudan orta ateşteki ızgaraya yerleştirin. Biftekleri örtün ve orta pişmiş (145°F) için 10 ila 12 dakika veya orta pişmiş (160°F) için 12 ila 15 dakika pişirin, ızgara işleminin yarısında bir kez çevirin. Paketi 10 ila 15 dakika veya sebzeler yumuşayana kadar ızgarada pişirin. Sebzeler pişerken biftekleri 5 dakika bekletin. Sebze karmalarını dört servis tabağına bölün; üstüne biftek koyun.

ASYA SIĞIR ETI VE SEBZELERI

EĞITIM:30 dakika pişirme süresi: 15 dakika: 4 porsiyon

BEŞ BAHARAT TOZU, TUZSUZ BAHARAT KARIŞIMIDIRÇIN
MUTFAĞINDA YAYGIN OLARAK KULLANILIR. EŞIT MIKTARDA
ÖĞÜTÜLMÜŞ TARÇIN, KARANFIL, REZENE TOHUMU, YILDIZ
ANASON VE SZECHWAN KARABIBERINDEN OLUŞUR.

- 1½ pound kemiksiz dana bonfile veya kemiksiz yuvarlak biftek, 1 inç kalınlığında kesilmiş
- 1½ çay kaşığı beş baharat tozu
- 3 yemek kaşığı rafine hindistan cevizi yağı
- 1 küçük kırmızı soğan, ince dilimlenmiş
- 1 küçük demet kuşkonmaz (yaklaşık 12 ons), kesilmiş ve 3 inçlik parçalar halinde kesilmiş
- 1½ su bardağı jülyen doğranmış sarı ve/veya turuncu havuç
- 4 diş sarımsak, kıyılmış
- 1 çay kaşığı ince kıyılmış portakal kabuğu
- ¼ bardak taze portakal suyu
- ¼ bardak sığır eti kemik suyu (bkz._yemek tarifi_) veya tuzsuz et suyu
- ¼ bardak beyaz şarap sirkesi
- ¼ ila ½ çay kaşığı öğütülmüş kırmızı biber
- 8 su bardağı iri kıyılmış napa lahana
- ½ fincan tuzsuz şeritli badem veya iri kıyılmış tuzsuz kaju fıstığı, kızartılmış (bkz. ipucu, sayfa 57)

1. İstenirse, kesmeyi kolaylaştırmak için bifteği kısmen dondurun (yaklaşık 20 dakika). Eti çok ince dilimler halinde kesin. Büyük bir kapta sığır eti ve beş baharat

tozunu birleştirin. Büyük bir wok veya ekstra büyük tavada, 1 çorba kaşığı hindistancevizi yağını orta-yüksek ateşte ısıtın. Bifteğin yarısını ekleyin; pişirin ve 3 ila 5 dakika veya kızarana kadar karıştırın. Biftekleri bir kaseye aktarın. Kalan biftek ve 1 yemek kaşığı daha fazla yağ ile tekrarlayın. Sığır eti, diğer pişmiş sığır eti ile birlikte kaseye aktarın.

2. Kalan 1 yemek kaşığı yağı aynı wok'a ekleyin. Soğan ekleyin; pişirin ve 3 dakika karıştırın. Kuşkonmaz ve havuç ekleyin; 2 ila 3 dakika veya sebzeler gevrek ve yumuşak oluncaya kadar pişirin ve karıştırın. Sarımsakları ekleyin; 1 dakika daha pişirin ve karıştırın.

3. Sos için portakal kabuğunu, portakal suyunu, dana kemik suyunu, sirkeyi ve toz kırmızı biberi küçük bir kapta karıştırın. Sosu ve kasedeki tüm et suyunu, wok'taki sebzelere ekleyin. 1-2 dakika veya iyice ısınana kadar pişirin ve karıştırın. Biftek sebzelerini büyük bir kaseye aktarmak için oluklu bir kaşık kullanın. Sıcak tutmak için örtün.

4. Sosu, orta ateşte, kapağı açık olarak 2 dakika pişirin. Lahana ekleyin; 1 ila 2 dakika veya lahana soluncaya kadar pişirin ve karıştırın. Lahanayı ve pişirme suyunu dört servis tabağına bölün. Sığır eti karışımıyla eşit şekilde kaplayın. Fındık serpin.

ASYA LAHANASI VE LAHANA SALATASI ILE SEDIR TAHTA FILETOSU

SIRILSIKLAM:1 saat hazırlama: 40 dakika ızgara: 13 dakika bekleme: 10 dakika yapım: 4 porsiyon.

NAPA LAHANASINA BAZEN ÇIN LAHANASI DA DENIR.PARLAK SARI-YEŞIL UÇLARI OLAN GÜZEL, KREMSI, KREMSI YAPRAKLARI VARDIR. LAHANANIN MUMSU YAPRAKLARINDAN OLDUKÇA FARKLI, NARIN, YUMUŞAK BIR TADA VE DOKUYA SAHIPTIR VE ŞAŞIRTICI OLMAYAN BIR ŞEKILDE ASYA TARZI YEMEKLERDE DOĞALDIR.

1 büyük sedir tahtası

¼ ons kurutulmuş shiitake mantarları

¼ bardak ceviz yağı

2 çay kaşığı taze kıyılmış zencefil

2 çay kaşığı toz kırmızı biber

1 çay kaşığı ezilmiş Szechwan karabiberi

¼ çay kaşığı beş baharat tozu

4 diş sarımsak, kıyılmış

4 4 ila 5 onsluk biftek, ¾ ila 1 inç kalınlığında kesilmiş

Asya lahanası (bkz.<u>yemek tarifi</u>, Daha düşük)

1. Izgara tepsisini suya yerleştirin; ağırlığı indirin ve en az 1 saat bekletin.

2. Bu arada Asya sos için küçük bir kapta kurutulmuş shiitake mantarlarının üzerine kaynar su dökün; yeniden su alması için 20 dakika bekletin. Mantarları boşaltın ve mutfak robotuna koyun. Ceviz yağı, zencefil, ezilmiş kırmızı biber, Szechuan karabiber, beş baharat

tozu ve sarımsak ekleyin. Mantarlar doğranana ve malzemeler birleştirilene kadar örtün ve işleyin; yan tarafa koyun.

3. Izgara tepsisini boşaltın. Kömürlü bir ızgara için, ızgaranın çevresine orta derecede sıcak kömürler yerleştirin. Izgara masasını doğrudan kömürlerin üzerine yerleştirin. Örtün ve 3 ila 5 dakika veya tahta çatlayıp duman çıkmaya başlayana kadar ızgara yapın. Biftekleri doğrudan kömürlerin üzerine ızgaraya yerleştirin; 3 ila 4 dakika veya kızarana kadar ızgara yapın. Biftekleri kızartılmış tarafı yukarı bakacak şekilde kesme tahtasına aktarın. Tahtayı ızgaranın ortasına yerleştirin. Asya sosunu bifteklerin arasına yayın. Kapağı kapatın ve 10 ila 12 dakika boyunca veya bifteklerin içine yatay olarak yerleştirilen bir termometre 130°F okuyana kadar ızgara yapın. (Gazlı ızgara için, ızgarayı önceden ısıtın. Isıyı orta dereceye düşürün. Süzülmüş kalasları ızgaraya yerleştirin; üzerini kapatın ve 3 ila 5 dakika veya tahta çatlayıp duman çıkmaya başlayana kadar ızgara yapın. Biftekleri 3 ila 4 dakika veya Biftekleri aktarana kadar ızgaraya yerleştirin. Pişmiş tarafı yukarı bakacak şekilde bir kesme tahtasına koyun. Izgarayı dolaylı pişirme için ayarlayın; kızartma tavasını kapalı olan ocağın üzerine yerleştirin. Lahana salatasını biftekler arasında bölün. Kapağı kapatın ve 10 ila 12 dakika veya bifteklerin içine yatay olarak yerleştirilen anında okunan termometre 130 dereceyi gösterene kadar pişirin. °F.) Lahana salatasını bifteklerin arasına bölün. Kapağı kapatın ve 10 ila 12 dakika kadar veya bifteklerin içine yatay olarak yerleştirilen anında okunan termometre 130°F

değerini gösterene kadar pişirin.) Lahana salatasını biftekelerin arasına bölün. Kapağı kapatın ve 10 ila 12 dakika boyunca veya biftekterin içine yatay olarak yerleştirilen bir termometre 130°F okuyana kadar ızgara yapın.)

4. Biftekleri ızgaradan çıkarın. Biftekleri gevşek bir şekilde folyo ile örtün; 10 dakika bekletin. Biftekleri yarım santim kalınlığında dilimler halinde kesin. Biftekleri Asya salatası üzerine servis edin.

Asya Salatası: Büyük bir kapta, ince dilimlenmiş 1 orta boy napa lahanasını birleştirin; 1 su bardağı ince kıyılmış kırmızı lahana; 2 havuç, soyulmuş ve jülyen şeritler halinde kesilmiş; 1 kırmızı veya sarı tatlı biber, içi oyulmuş ve çok ince dilimlenmiş; 4 cep, ince dilimlenmiş; 1 ila 2 serrano biberi, çekirdekleri çıkarılmış ve doğranmış (bkz.İpuçları); 2 yemek kaşığı kıyılmış kişniş; ve 2 yemek kaşığı kıyılmış nane. Sos için, bir mutfak robotu veya blenderde 3 yemek kaşığı taze limon suyu, 1 yemek kaşığı taze rendelenmiş zencefil, 1 diş kıyılmış sarımsak ve ⅛ çay kaşığı beş baharat tozunu birleştirin. Örtün ve pürüzsüz olana kadar işleyin. İşlemci çalışırken yavaş yavaş ½ bardak ceviz yağı ekleyin ve pürüzsüz hale gelinceye kadar işleyin. 1 adet ince dilimlenmiş soğanı sosa ekleyin. Lahana salatası üzerine gezdirin ve kaplayın.

KARNABAHARLI PEPERONATA ILE TAVADA KIZARTILMIŞ ÜÇ UÇLU BIFTEK

EĞITIM:25 dakika pişirme süresi: 25 dakika verim: 2 porsiyon

PEPERONATA GELENEKSEL OLARAK YAVAŞ PIŞIRILEN BIR RAGUDURSOĞAN, SARIMSAK VE OTLAR ILE TATLI KIRMIZI BIBER. KARNABAHARLA DAHA KALIN HALE GETIRILEN BU ÇABUK SOTELENMIŞ VERSIYON, HEM LEZZETLI HEM DE GARNITÜR OLARAK IŞE YARAR.

- 2 adet 4 ila 6 onsluk üç uçlu biftek, ¾ ila 1 inç kalınlığında kesilmiş
- ¾ çay kaşığı karabiber
- 2 yemek kaşığı sızma zeytinyağı
- 2 adet kırmızı ve/veya sarı biber, çekirdekleri çıkarılmış ve dilimlenmiş
- 1 arpacık soğanı, ince dilimlenmiş
- 1 çay kaşığı Akdeniz baharatları (bkz.yemek tarifi)
- 2 su bardağı küçük karnabahar çiçeği
- 2 yemek kaşığı balzamik sirke
- 2 çay kaşığı taze doğranmış kekik

1. Biftekleri kağıt havluyla kurulayın. Bifteklerin üzerine ¼ çay kaşığı karabiber serpin. Büyük bir tavada 1 yemek kaşığı yağı orta-yüksek ateşte ısıtın. Tavaya biftek ekleyin; ısıyı orta seviyeye düşürün. Biftekleri ara sıra çevirerek, orta-az pişmişe (145°F) kadar 6 ila 9 dakika pişirin. (Et çok çabuk kızarıyorsa ısıyı azaltın.) Biftekleri tavadan çıkarın; Sıcak tutmak için folyoyla gevşek bir şekilde örtün.

2. Peperonata için kalan 1 yemek kaşığı yağı tavaya ekleyin. Tatlı kırmızı biber ve arpacık soğanı ekleyin. Akdeniz baharatlarını serpin. Orta ateşte yaklaşık 5 dakika veya kırmızı biber yumuşayana kadar ara sıra karıştırarak pişirin. Karnabaharı, balzamik sirkeyi, kekiği ve kalan ½ çay kaşığı karabiberi ekleyin. Kapağını kapatıp 10 ila 15 dakika veya karnabahar yumuşayana kadar ara sıra karıştırarak pişirin. Biftekleri tekrar tavaya koyun. Pepperonata karışımını bifteklerin üzerine yerleştirin. Derhal servis yapın.

BIFTEKLERDE DIJON MANTARLI POIVRE VAR

EĞITIM:15 dakika pişirme: 20 dakika: 4 porsiyon

BU FRANSIZ ESINTILI MANTAR SOSLU BIFTEK30 DAKIKADAN BIRAZ FAZLA BIR SÜREDE MASADA OLABILIR, BU DA ONU HAFTA IÇI HIZLI BIR YEMEK IÇIN MÜKEMMEL BIR SEÇIM HALINE GETIRIR.

BIFTEK

3 yemek kaşığı sızma zeytinyağı

1 kilo küçük kuşkonmaz mızrakları, kesilmiş

4 adet 6 onsluk yassı demir biftek (kemiksiz sığır filetosu)*

2 yemek kaşığı taze doğranmış biberiye

1½ çay kaşığı öğütülmüş karabiber

S.O.S.

8 ons dilimlenmiş taze mantar

2 diş sarımsak, kıyılmış

½ bardak et kemik suyu (bkz.<u>yemek tarifi</u>)

¼ bardak sek beyaz şarap

1 yemek kaşığı Dijon usulü hardal (bkz.<u>yemek tarifi</u>)

1. 1 yemek kaşığı yağı büyük bir tavada orta-yüksek ateşte ısıtın. Kuşkonmazı ekleyin; Yanmayı önlemek için şişleri ara sıra çevirerek 8 ila 10 dakika veya gevrekleşene kadar pişirin. Kuşkonmazı bir tabağa aktarın; Sıcak tutmak için folyo ile örtün.

2. Bifteklerin üzerine biberiye ve karabiber serpin; parmaklarınızla ovalayın. Kalan 2 yemek kaşığı yağı aynı tavada orta-yüksek ateşte ısıtın. Biftek ekleyin;

ısıyı orta seviyeye düşürün. Eti ara sıra çevirerek, orta pişmiş (145°F) sıcaklıkta 8 ila 12 dakika kızartın. (Et çok çabuk kızarıyorsa ısıyı azaltın.) Eti tavadan çıkarın ve damlamalarını saklayın. Biftekleri sıcak tutmak için folyoyla gevşek bir şekilde örtün.

3. Sos için mantarları ve sarımsak damlalarını tavaya ekleyin; ara sıra karıştırarak yumuşayana kadar pişirin. Et suyu, şarap ve Dijon usulü hardalı ekleyin. Orta ateşte kızartın ve tavanın dibindeki kahverengileşmiş parçaları kazıyın. Kaynamak; 1 dakika daha pişirin.

4. Kuşkonmazı dört tabağa bölün. Biftek ile doldurun; bifteklerin üzerine sosu kaşıkla.

*Not: 6 onsluk yassı demir biftek bulamazsanız, iki adet 8 ila 12 onsluk biftek satın alın ve bunları ikiye bölerek dört biftek yapın.

IZGARA YASSI DEMIR BIFTEK, KARAMELIZE SOĞAN, CHIPOTLE VE SALSA SALATASI ILE

EĞITIM:30 dakika Marine etme: 2 saat Pişirme: 20 dakika Soğutma: 20 dakika Izgara: 45 dakika Yapım: 4 porsiyon

YASSI DEMIR BIFTEK NISPETEN YENI BIR BIFTEKTIRKESIM SADECE BIRKAÇ YIL ÖNCE GELIŞTIRILDI. KÜREK KEMIĞININ YANINDAKI LEZZETLI AYNA KISMINDAN KESILMIŞ, ŞAŞIRTICI DERECEDE YUMUŞAK VE TADI OLDUĞUNDAN ÇOK DAHA PAHALI, BU DA MUHTEMELEN POPÜLARITESINDEKI HIZLI ARTIŞI AÇIKLIYOR.

BIFTEK
⅓ bardak taze limon suyu
¼ bardak sızma zeytinyağı
¼ bardak iri kıyılmış kişniş
5 diş sarımsak, kıyılmış
4 6 onsluk yassı demir biftek (kemiksiz sığır filetosu).

SALSA SALATASI
1 çekirdeksiz (İngiliz) salatalık (istenirse soyulmuş), doğranmış
1 su bardağı bölünmüş üzüm domates
½ bardak doğranmış kırmızı soğan
½ su bardağı iri kıyılmış kişniş
1 şili poblano, çekirdekleri çıkarılmış ve doğranmış (bkz.İpuçları)
1 jalapeno, çekirdekleri çıkarılmış ve doğranmış (bkz.İpuçları)
3 yemek kaşığı taze limon suyu

2 yemek kaşığı sızma zeytinyağı

KARAMELIZE EDILMIŞ SOĞANLAR
2 yemek kaşığı sızma zeytinyağı
2 büyük tatlı soğan (Maui, Vidalia, Texas Sweet veya Walla
    Walla gibi)
½ çay kaşığı toz biber

1. Biftek için, biftekleri açılıp kapanabilir bir plastik torbaya
   sığ bir tabağa koyun; yan tarafa koyun. Küçük bir kapta
   limon suyu, yağ, kişniş ve sarımsağı birleştirin;
   bifteklerin üzerine dökün. Mühürlü çanta; cekete dön.
   Buzdolabında 2 saat marine edin.

2. Salata için salatalık, domates, soğan, kişniş, poblano ve
   jalapeno'yu geniş bir kapta birleştirin. Birleştirmek için
   karıştırın. Sos için limon suyu ve zeytinyağını küçük bir
   kasede karıştırın. Sosu sebzelerin üzerine gezdirin;
   örtmek için atın. Servis edene kadar örtün ve soğutun.

3. Soğanlar için fırını 400°F'ye önceden ısıtın. Hollandalı bir
   fırının içini biraz zeytinyağıyla fırçalayın; yan tarafa
   koyun. Soğanı uzunlamasına ikiye bölün, kabuğunu
   çıkarın, ardından ¼ inç kalınlığında çapraz olarak
   dilimleyin. Kalan zeytinyağını, soğanı ve chipotle
   biberini Hollanda fırınında birleştirin. Kapağını kapatıp
   20 dakika pişirin. Örtün ve yaklaşık 20 dakika
   soğumaya bırakın.

4. Soğutulmuş soğanı bir folyo ızgara torbasına aktarın veya
   soğanı iki kat kalın folyoya sarın. Folyonun üst kısmına
   kürdan yardımıyla birkaç yerden delik açın.

5. Kömürlü bir ızgara için, orta derecede sıcak kömürleri ızgaranın çevresine yerleştirin. Izgaranın ortasında orta dereceli ısı olup olmadığını test edin. Paketi ızgaranın ortasına yerleştirin. Kapağını kapatın ve yaklaşık 45 dakika veya soğan yumuşak ve kehribar rengi olana kadar ızgara yapın. (Gazlı ızgara için ızgarayı önceden ısıtın. Isıyı orta dereceye düşürün. Dolaylı pişirme için ayarlayın. Paketi kapalı olan ocağın üzerine yerleştirin. Ayrıca ızgarayı belirtildiği gibi kapatın.)

6. Biftekleri marinattan çıkarın; turşuyu atın. Kömürlü veya gazlı ızgara için biftekleri orta-yüksek ateşte doğrudan ızgaraya yerleştirin. Kapağı kapatın ve 8 ila 10 dakika kadar veya bifteklerin içine yatay olarak yerleştirilen anında okunan bir termometre bir kez dönerek 135°F okuyana kadar pişirin. Biftekleri bir tabağa aktarın, folyoyla hafifçe örtün ve 10 dakika dinlenmeye bırakın.

7. Servis yapmak için salsayı dört servis tabağına bölün. Her tabağa bir biftek yerleştirin ve üstüne bir yığın karamelize soğan ekleyin. Derhal servis yapın.

Hazırlama talimatları: Salsa servis edilmeden önce 4 saate kadar hazırlanıp soğutulabilir.

SOĞAN VE SARIMSAK "TEREYAĞI" ILE IZGARA ANTRIKOT

EĞITIM:10 dakika hazırlama: 12 dakika soğutma: 30 dakika ızgaralama: 11 dakika yapım: 4 porsiyon

YENI IZGARALANMIŞ BIFTEĞIN SICAKLIĞI ERIYORHINDISTANCEVIZI YAĞI VE ZEYTINYAĞINDAN OLUŞAN ZENGIN BIR KARIŞIMLA SÜSPANSE EDILMIŞ KARAMELIZE SOĞAN, SARIMSAK VE OTLAR YIĞINLARI.

2 yemek kaşığı rafine edilmemiş hindistancevizi yağı

1 küçük soğan, yarıya bölünmüş ve çok ince dilimlenmiş (yaklaşık ¾ bardak)

1 diş sarımsak, çok ince dilimlenmiş

2 yemek kaşığı sızma zeytinyağı

1 yemek kaşığı taze kıyılmış maydanoz

2 çay kaşığı taze doğranmış kekik, biberiye ve/veya kekik

4 8 ila 10 onsluk sığır filetosu biftek, 1 inç kalınlığında kesilmiş

½ çay kaşığı taze çekilmiş karabiber

1. Orta boy bir tavada, hindistancevizi yağını kısık ateşte eritin. Soğan ekleyin; 10 ila 15 dakika veya ara sıra karıştırarak hafifçe kızarana kadar pişirin. Sarımsakları ekleyin; 2 ila 3 dakika daha veya soğan altın rengi kahverengi olana kadar ara sıra karıştırarak pişirin.

2. Soğan karışımını küçük bir kaseye dökün. Zeytinyağı, maydanoz ve kekiği karıştırın. 30 dakika boyunca veya karışım çıkarıldığında karışacak kadar sertleşinceye kadar, ara sıra karıştırarak, kapağı açık olarak buzdolabında saklayın.

3. Bu arada bifteklere karabiber serpin. Kömürlü veya gazlı ızgara için biftekleri orta ateşte doğrudan ızgaraya yerleştirin. Kapağını kapatın ve orta pişmiş (145°F) için 11 ila 15 dakika veya orta pişmiş (160°F) için 14 ila 18 dakika ızgara yapın, ızgara işleminin yarısında bir kez çevirin.

4. Servis yapmak için her bifteği servis tabağına yerleştirin. Soğan karışımını hemen bifteklerin üzerine eşit şekilde dökün.

IZGARA PANCARLI KABURGA SALATASI

EĞITIM:20 dakika ızgara: 55 dakika bekleme: 5 dakika yapım: 4 porsiyon

PANCARIN DÜNYEVI TADI BIRBIRINE ÇOK YAKIŞIYORPORTAKALIN TATLILIĞI VE KIZARMIŞ CEVIZLER, SICAK BIR YAZ GECESINDE AÇIK HAVADA YEMEK IÇIN MÜKEMMEL OLAN BU BAŞLANGIÇ SALATASINA BIRAZ ÇITIRLIK KATIYOR.

- 1 kilo orta boy kırmızı ve/veya altın pancar, soyulmuş, kesilmiş ve dilimlenmiş
- 1 küçük soğan, ince dilimlenmiş
- 2 dal taze kekik
- 1 yemek kaşığı sızma zeytinyağı
- Kırık karabiber
- 2 8 ons kemiksiz sığır filetosu biftek, ¾ inç kalınlığında kesilmiş
- 2 diş sarımsak, ikiye bölünmüş
- 2 yemek kaşığı Akdeniz baharatı (bkz.<u>yemek tarifi</u>)
- 6 su bardağı karışık yeşillik
- 2 portakal, soyulmuş, bölünmüş ve kabaca doğranmış
- ½ bardak kıyılmış ceviz, kızartılmış (bkz.<u>İpuçları</u>)
- ½ fincan Parlak Narenciye sosu (bkz.<u>yemek tarifi</u>)

1. Pancar, soğan ve kekik dallarını folyo tepsiye yerleştirin. Yağın üzerine gezdirin ve birleştirmek için fırlatın; hafifçe kırık karabiber serpin. Kömürlü veya gazlı ızgara için tavayı ızgaranın ortasına yerleştirin. Kapağı kapatın ve 55 ila 60 dakika veya ara sıra karıştırarak bıçakla delindiğinde yumuşayana kadar ızgara yapın.

2. Bu arada bifteğin her iki tarafını da sarımsağın kesilmiş tarafıyla ovalayın; Akdeniz baharatlarını serpin.

3. Bifteğe yer açmak için pancarları ızgaranın ortasından uzaklaştırın. Biftekleri doğrudan orta ateşte ızgaraya ekleyin. Kapağını kapatın ve orta pişmiş (145°F) için 11 ila 15 dakika veya orta pişmiş (160°F) için 14 ila 18 dakika ızgara yapın, ızgara işleminin yarısında bir kez çevirin. Folyo tepsisini ve biftekleri ızgaradan çıkarın. Biftekleri 5 dakika bekletin. Kekik dallarını folyo tepsisinden atın.

4. İnce bifteği çapraz olarak uygun büyüklükte parçalar halinde kesin. Sebzeleri dört servis tabağına bölün. Üzerine dilimlenmiş dana eti, pancar, soğan dilimleri, doğranmış portakal ve cevizler ekleyin. Hafif narenciye sosunu gezdirin.

SOTELENMIŞ ZENCEFIL LAHANALI KORE USULÜ KISA KABURGA

EĞITIM:50 dakika pişirme: 25 dakika pişirme: 10 saat soğutma: gece boyunca üretim: 4 porsiyon

HOLLANDALI FIRININIZIN KAPAĞINA DIKKAT EDINÇOK SIKI BIR ŞEKILDE YERLEŞIR, BÖYLECE ÇOK UZUN PIŞIRME SÜRESI BOYUNCA PIŞIRME SIVISI KAPAK ILE TENCERE ARASINDAKI BOŞLUKTAN TAMAMEN BUHARLAŞMAZ.

1 ons kurutulmuş shiitake mantarı

1½ bardak çay dilimler halinde kesilmiş

1 Asya armut, soyulmuş, çekirdeği çıkarılmış ve doğranmış

1 3 inç parça taze zencefil, soyulmuş ve doğranmış

1 serrano biberi, ince doğranmış (istenirse tohumları) (bkz.İpuçları)

5 diş sarımsak

1 yemek kaşığı rafine hindistan cevizi yağı

5 kilo kemikli dana kısa kaburga

Taze çekilmiş karabiber

4 su bardağı dana kemik suyu (bkz.yemek tarifi) veya tuzsuz et suyu

2 su bardağı dilimlenmiş taze shiitake mantarı

1 yemek kaşığı ince kıyılmış portakal kabuğu

⅓ bardak taze meyve suyu

Sotelenmiş zencefil lahanası (bkz.yemek tarifi, Daha düşük)

İnce kıyılmış portakal kabuğu (isteğe bağlı)

1. Fırını 325°F'ye önceden ısıtın. Kurutulmuş shiitake mantarlarını küçük bir kaseye koyun; üzerini

kaplayacak kadar kaynar su ekleyin. Yaklaşık 30 dakika veya yeniden sulanıp yumuşayana kadar bekletin. Islatma sıvısını tutarak boşaltın. Mantarları ince ince doğrayın. Mantarları küçük bir kaseye koyun; 4. adımda ihtiyaç duyulana kadar örtün ve soğutun. Mantarları ve sıvıyı bir kenara koyun.

2. Sos için soğanı, Asya armutunu, zencefili, serranoyu, sarımsağı ve mantarları mutfak robotunda birleştirin. Örtün ve pürüzsüz olana kadar işleyin. Sosu bir kenara koyun.

3. 6 litrelik bir Hollanda fırınında, hindistancevizi yağını orta-yüksek ateşte ısıtın. Kısa kaburganın üzerine taze çekilmiş karabiber serpin. Kaburgaları sıcak hindistancevizi yağında gruplar halinde yaklaşık 10 dakika veya her tarafı iyice kızarıncaya kadar, pişirme işleminin yarısında çevirerek pişirin. Tüm kaburgaları tencereye geri koyun; sosu ve dana kemik suyunu ekleyin. Hollandalı fırını sıkı oturan bir kapakla kapatın. Yaklaşık 10 saat veya et iyice yumuşayana ve kemiğinden düşene kadar kızartın.

4. Kaburgaları sostan dikkatlice çıkarın. Kaburgaları ve sosu ayrı kaselere yerleştirin. Örtün ve gece boyunca buzdolabında saklayın. Soğuduktan sonra sosun yüzeyindeki yağı alın ve atın. Sosu yüksek ateşte kaynatın; 1. adımdaki sulu mantarları ve taze mantarları ekleyin. Sosu azaltmak ve lezzetleri yoğunlaştırmak için 10 dakika kadar hafifçe pişirin. Kaburgaları sosa geri koyun; iyice ısınana kadar pişirin. 1 yemek kaşığı portakal kabuğu ve portakal suyunu

karıştırın. Sotelenmiş zencefil lahanası ile servis yapın. İstenirse ekstra portakal kabuğu rendesi serpin.

Sotelenmiş Zencefil Kale: 1 çorba kaşığı rafine hindistancevizi yağını büyük bir tavada orta-yüksek ateşte ısıtın. 2 yemek kaşığı taze kıyılmış zencefil ekleyin; 2 diş sarımsak, kıyılmış; ve tatmak için öğütülmüş kırmızı biber. Kokusu çıkana kadar yaklaşık 30 saniye pişirin ve karıştırın. 6 su bardağı rendelenmiş napa lahana veya karalahana ve soyulmuş, çekirdekleri çıkarılmış ve ince dilimlenmiş 1 Asya armutunu ekleyin. 3 dakika veya lahana hafifçe solana ve ampul yumuşayana kadar pişirin ve karıştırın. ½ bardak şekersiz elma suyunu karıştırın. Kapağını kapatıp lahanalar yumuşayana kadar yaklaşık 2 dakika pişirin. ½ bardak doğranmış çay ve 1 yemek kaşığı susam tohumunu karıştırın.

NARENCIYE-REZENE GREMOLATA ILE DANA KABURGA

EĞITIM:40 dakika ızgaralama: 8 dakika yavaş pişirme: 9 saat
(düşük) veya 4½ saat (yüksek) verim: 4 porsiyon

GREMOLATA AROMATIK BIR KARIŞIMDIRZENGIN, TEREYAĞLI
LEZZETININ PARLAMASINI SAĞLAMAK IÇIN KLASIK İTALYAN
YEMEĞI, KIZARMIŞ DANA ETI OLAN OSSO BUCCO'NUN
ÜZERINE SERPILEN MAYDANOZ, SARIMSAK VE LIMON
KABUĞU RENDESI. PORTAKAL KABUĞU RENDESI VE TÜYLÜ
TAZE REZENE YAPRAKLARIYLA KARIŞTIRILAN BU YUMUŞAK
DANA KABURGA IÇIN DE AYNISINI YAPAR.

PIRZOLA
2½ ila 3 pound kemikli dana eti kısa kaburga

3 yemek kaşığı limon ve bitki baharatı (bkz.<u>yemek tarifi</u>)

1 orta boy rezene soğanı

1 büyük soğan, büyük dilimler halinde kesilmiş

2 su bardağı dana kemik suyu (bkz.<u>yemek tarifi</u>) veya
tuzsuz et suyu

2 diş sarımsak, ikiye bölünmüş

TAVADA KABAK
3 yemek kaşığı sızma zeytinyağı

1 pound balkabağı, soyulmuş, çekirdekleri çıkarılmış ve ½
inçlik parçalar halinde kesilmiş (yaklaşık 2 bardak)

4 çay kaşığı taze doğranmış kekik

Sızma zeytinyağı

GREMOLATA
¼ bardak doğranmış taze maydanoz

2 yemek kaşığı ince kıyılmış sarımsak

1½ çay kaşığı ince rendelenmiş limon kabuğu

1½ çay kaşığı ince kıyılmış portakal kabuğu

1. Kısa kaburgalara limon baharatı ve otlar serpin; eti parmaklarınızla hafifçe ovalayın; yan tarafa koyun. Yaprakları rezeneden çıkarın; Narenciye-rezene Gremolata için ayırın. Rezene soğanını kesip dörde bölün.

2. Kömürlü ızgara için orta derecede sıcak kömürleri ızgaranın bir tarafına yerleştirin. Kömürsüz bir ızgarada orta ateşte test edin. Kısa kaburgayı ızgaranın kömürsüz tarafına yerleştirin; Rezene dilimlerini ve soğan dilimlerini doğrudan kömürlerin üzerine ızgaraya yerleştirin. Kapağını kapatıp 8 ila 10 dakika veya sebzeler ve kaburgalar kızarana kadar ızgara yapın, pişirme işleminin yarısında bir kez çevirin. (Gazlı ızgara için, ızgarayı önceden ısıtın, ısıyı orta seviyeye düşürün. Dolaylı pişirme için ayarlayın. Kaburgaları kapalı olan ocağın üzerindeki ızgaraya yerleştirin; rezeneyi ve soğanı açık olan ocağın üzerindeki ızgaraya yerleştirin. Ayrıca ızgarayı belirtildiği gibi kapatın.) ele alınabilecek kadar serin, rezeneyi ve soğanı kabaca doğrayın.

3. 5 ila 6 litrelik bir tencerede doğranmış rezene ve soğanı, sığır kemik suyunu ve sarımsağı birleştirin. Kaburga ekleyin. Kapağı kapatın ve düşük ateşte 9 ila 10 saat veya yüksek ısı ayarında 4½ ila 5 saat pişirin. Kaburgaları bir tabağa aktarmak için oluklu bir kaşık kullanın; Sıcak tutmak için folyo ile örtün.

4. Bu arada balkabağı için 3 yemek kaşığı yağı büyük bir tavada orta-yüksek ateşte ısıtın. Kabak ve 3 çay kaşığı kekik ekleyin, kabağı kaplayacak şekilde fırlatın. Kabağı tek kat halinde tavaya yerleştirin ve karıştırmadan yaklaşık 3 dakika veya alt tarafı kahverengi olana kadar pişirin. Kabak parçalarını çevirin; yakl. 3 dakika daha veya diğer tarafı kızarana kadar. Isıyı en aza indirin; örtün ve 10 ila 15 dakika veya yumuşayana kadar pişirin. Kalan 1 çay kaşığı taze kekiği serpin; sızma zeytinyağı gezdirin.

5. Gremolata için, ¼ fincan elde edecek kadar ayrılmış rezene yaprağını ince ince doğrayın. Kıyılmış rezene yapraklarını, maydanozu, sarımsağı, limon kabuğu rendesini ve portakal kabuğu rendesini küçük bir kapta karıştırın.

6. Gremolatayı kaburgaların üzerine serpin. Kabak ile servis yapın.

HARDAL VE SALATALIK SALATASI ILE İSVEÇ USULÜ BIFTEK

EĞITIM:30 dakika pişirme süresi: 15 dakika: 4 porsiyon

BIFF À LA LINDSTROM BIR İSVEÇ HAMBURGERIDIR.GELENEKSEL OLARAK SOĞAN, KAPARI VE PANCAR TURŞUSUYLA PAKETLENEN, SOSLU VE ÇÖREKSIZ OLARAK SERVIS EDILEN BIR YEMEKTIR. YENIBAHARLA AŞILANMIŞ BU VERSIYON, KAVRULMUŞ PANCARLARI SALAMURA PANCAR VE TUZLU KAPARI ILE DEĞIŞTIRIR VE ÜZERINE KIZARMIŞ YUMURTA EKLENIR.

SALATALIK SALATASI

2 çay kaşığı taze portakal suyu

2 çay kaşığı beyaz şarap sirkesi

1 çay kaşığı Dijon tarzı hardal (bkz.<u>yemek tarifi</u>)

1 yemek kaşığı sızma zeytinyağı

1 büyük çekirdeksiz (İngiliz) salatalık, soyulmuş ve
    dilimlenmiş

2 çay kaşığı dilimlenmiş çay

1 yemek kaşığı taze doğranmış dereotu

YAŞAMANIN BEDELI

1 kg kıyma

¼ bardak ince doğranmış soğan

1 yemek kaşığı Dijon usulü hardal (bkz.<u>yemek tarifi</u>)

¾ çay kaşığı karabiber

½ çay kaşığı öğütülmüş yenibahar

½ küçük pancar, kavrulmuş, soyulmuş ve ince doğranmış*

2 yemek kaşığı sızma zeytinyağı

½ bardak et kemik suyu (bkz.<u>yemek tarifi</u>) veya tuzsuz et
   suyu

4 büyük yumurta

1 yemek kaşığı ince doğranmış frenk soğanı

1. Salatalık salatası için portakal suyunu, sirkeyi ve Dijon
   hardalını geniş bir kapta çırpın. İnce bir akış halinde
   zeytinyağını yavaş yavaş ekleyin ve sos biraz
   koyulaşana kadar çırpın. Salatalık, soğan ve dereotu
   ekleyin; birleşene kadar karıştırın. Servis edene kadar
   örtün ve soğutun.

2. Dana köfte için kıymayı, soğanı, dijon hardalını, biberi ve
   yenibaharı geniş bir kapta karıştırın. Kavrulmuş
   pancarları ekleyin ve etin içine eşit bir şekilde
   karışıncaya kadar yavaşça karıştırın. Karışımı dört adet
   yarım inç kalınlığında köfteler halinde şekillendirin.

3. Büyük bir tavada 1 yemek kaşığı zeytinyağını orta-yüksek
   ateşte ısıtın. Köfteleri yakl. 8 dakika veya dışları
   kahverengileşip (160°) bir kez çevirerek pişene kadar.
   Köfteleri bir tabağa aktarın ve sıcak tutmak için üzerini
   folyo ile örtün. Tencerenin dibindeki kahverengileşmiş
   parçaları kazımak için karıştırarak sığır kemik suyunu
   ekleyin. Yaklaşık 4 dakika veya yarı yarıya azalıncaya
   kadar pişirin. Köfteleri tava suyu azaltılmış halde
   gezdirin ve tekrar gevşek bir şekilde kapatın.

4. Tavayı bir kağıt havluyla durulayın ve kurulayın. Kalan 1
   yemek kaşığı zeytinyağını orta ateşte ısıtın. Yumurtaları
   sıcak yağda 3 ila 4 dakika veya beyazları pişene, ancak
   sarıları hala yumuşak ve akıcı olana kadar kızartın.

5. Her köftenin üzerine bir yumurta koyun. Üzerine frenk soğanı serpip salatalık salatasıyla servis yapın.

*İpucu: Pancarları kızartmak için iyice ovalayın ve bir parça alüminyum folyo üzerine koyun. Üzerine biraz zeytinyağı gezdirin. Folyoya sarın ve sıkıca kapatın. 375°F fırında yaklaşık 30 dakika veya çatal pancarları kolayca delinceye kadar kızartın. Soğumaya bırakın; cildi zımparalayın. (Pancarlar 3 gün önceden kavrulabilir. Soyulmuş kavrulmuş pancarları sıkıca sarın ve buzdolabında saklayın.)

KIZARMIŞ KÖK ILE ROKA ÜZERINDE KIZARMIŞ DANA BURGER

EĞITIM:40 dakika kavurma: 35 dakika kavurma: 20 dakika
ürün: 4 porsiyon

BIRÇOK UNSUR VARBU DOYURUCU BURGERLERE - VE BIR
ARAYA GETIRILMESI BIRAZ ZAMAN ALIYOR - AMA
LEZZETLERIN INANILMAZ KOMBINASYONU, BU ÇABAYA
DEĞER: ETLI BIR BURGERIN ÜZERINE KARAMELIZE SOĞAN VE
MANTAR SOSU EKLENIYOR VE KAVRULMUŞ TATLI SEBZE VE
BIBERLE SERVIS EDILIYOR. GÜÇLÜ IRADE

- 5 yemek kaşığı sızma zeytinyağı
- 2 su bardağı dilimlenmiş düğme, cremini ve/veya taze shiitake mantarı
- 3 sarı soğan, ince dilimlenmiş*
- 2 çay kaşığı kimyon tohumu
- 3 havuç, soyulmuş ve 1 inçlik parçalar halinde kesilmiş
- 2 yaban havucu, soyulmuş ve 1 inçlik parçalar halinde kesilmiş
- 1 meşe palamudu kabak, yarıya bölünmüş, çekirdekleri çıkarılmış ve dilimlenmiş
- Taze çekilmiş karabiber
- 2 kg kıyma
- ½ su bardağı ince doğranmış soğan
- 1 yemek kaşığı tuzsuz evrensel baharat karışımı
- 2 su bardağı dana kemik suyu (bkz.<u>yemek tarifi</u>) veya tuzsuz et suyu
- ¼ bardak şekersiz elma suyu
- 1 ila 2 yemek kaşığı kuru şeri veya beyaz şarap sirkesi
- 1 yemek kaşığı Dijon usulü hardal (bkz.<u>yemek tarifi</u>)

1 yemek kaşığı taze kesilmiş kekik yaprağı

1 yemek kaşığı taze kesilmiş maydanoz yaprağı

8 su bardağı roka yaprağı

1. Fırını 425°F'ye önceden ısıtın. Sos için geniş bir tavada 1 yemek kaşığı zeytinyağını orta-yüksek ateşte ısıtın. Mantarları ekleyin; yaklaşık 8 dakika veya iyice kızarıp yumuşayana kadar pişirin ve karıştırın. Delikli bir kaşıkla mantarları bir tabağa aktarın. Tavayı brülöre geri koyun; ısıyı orta seviyeye düşürün. Kalan 1 yemek kaşığı zeytinyağını, dilimlenmiş soğanı ve kimyonu ekleyin. Kapağı kapatın ve 20 ila 25 dakika veya soğan çok yumuşak ve kahverengi olana kadar ara sıra karıştırarak pişirin. (Soğanların yanmasını önlemek için ısıyı gerektiği gibi ayarlayın.)

2. Bu arada kavrulmuş kök sebzeler için havuçları, yaban havuçlarını ve kabakları geniş bir kızartma tepsisine koyun. Üzerine 2 yemek kaşığı zeytinyağı gezdirin ve isteğe göre karabiber serpin; sebzeleri kaplamak için atın. 20 ila 25 dakika veya yumuşayana ve kahverengileşmeye başlayana kadar, yarı yolda bir kez çevirerek pişirin. Servis yapana kadar sebzeleri sıcak tutun.

3. Burger için kıymayı, ince doğranmış soğanı ve baharat karışımını geniş bir kapta birleştirin. Et karışımını dört eşit parçaya bölün ve yaklaşık ¾ inç kalınlığında köfte haline getirin. Çok büyük bir tavada, kalan 1 yemek kaşığı zeytinyağını orta-yüksek ateşte ısıtın. Burgerleri tavaya ekleyin; yakl. 8 dakika veya her iki tarafı da kızarana kadar, bir kez çevirin. Burgerleri bir tabağa aktarın.

4. Karamelize soğanları, ayrılmış mantarları, dana kemik suyunu, elma suyunu, şeri ve Dijon usulü hardalı tavaya ekleyin ve karıştırarak birleştirin. Burgerleri tavaya yerleştirin. Kaynamak. Burgerler bitene kadar pişirin (160°F), yakl. 7 ila 8 dakika. Damak tadınıza göre taze kekik, maydanoz ve karabiberi ekleyip karıştırın.

5. Servis yapmak için dört servis tabağının her birine 2 bardak roka koyun. Kızartılmış sebzeleri salataların arasına paylaştırın ve üzerine burgerleri ekleyin. Soğan karışımını burgerlerin üzerine cömertçe koyun.

*İpucu: Soğanları ince dilimlerken mandolin kesici çok kullanışlıdır.

SUSAM KABUKLU DOMATESLI IZGARA DANA BURGER

EĞITIM:30 dakika bekleme: 20 dakika ızgara: 10 dakika yapım:
4 porsiyon

ÇITIR, ALTIN KAHVERENGI, SUSAM KABUKLU DOMATES
DILIMLERIBU DUMANLI BURGERLERDE GELENEKSEL
SUSAMLI ÇÖREKLERIN YERINI ALIN. ONLARA BIÇAK VE
ÇATALLA SERVIS YAPIN.

4 ½ inç kalınlığında kırmızı veya yeşil domates dilimleri*

1¼ pound yağsız sığır eti

1 yemek kaşığı füme baharat (bkz.yemek tarifi)

1 büyük yumurta

¾ su bardağı badem unu

¼ bardak susam

¼ çay kaşığı karabiber

1 küçük kırmızı soğan, ikiye kesilmiş ve dilimlenmiş

1 yemek kaşığı sızma zeytinyağı

¼ bardak rafine hindistan cevizi yağı

1 Bibb salatası

Paleo Ketçap (bkz.yemek tarifi)

Dijon tarzı hardal (bkz.yemek tarifi)

1. Domates dilimlerini çift kat kağıt havlu üzerine
   yerleştirin. Domatesleri başka bir çift kat kağıt havluyla
   örtün. Kağıt havluları domateslere yapışacak şekilde
   hafifçe bastırın. Domates suyunun bir kısmının
   emilmesi için oda sıcaklığında 20 ila 30 dakika bekletin.

2. Bu arada geniş bir kapta kıymayı ve füme baharatları birleştirin. Dört adet ½ inç kalınlığında köfteye şekil verin.

3. Biraz derin bir kapta yumurtayı çatalla yavaşça çırpın. Başka bir sığ kapta badem ununu, susam tohumlarını ve biberi birleştirin. Her domates dilimini yumurtaya batırın ve kaplayın. Fazla yumurtanın damlamasına izin verin. Her bir domates dilimini badem unu karışımına batırın ve kaplayın. Kaplanmış domatesleri düz bir tabağa yerleştirin; yan tarafa koyun. Soğan dilimlerini zeytinyağıyla karıştırın; soğan dilimlerini ızgara sepetine yerleştirin.

4. Kömürlü veya gazlı ızgara için soğanı sepete, dana köftelerini ise orta ateşte ızgaraya koyun. Kapağını kapatıp 10-12 dakika pişirin, aksi takdirde soğanlar altın rengi kahverengi olur ve hafif kömürleşir ve köfteler pişer (160°), soğanı ara sıra karıştırın ve köfteleri bir kez çevirin.

5. Bu arada büyük bir tavada yağı orta ateşte ısıtın. Domates dilimlerini ekleyin; Bir kez çevirerek 8 ila 10 dakika veya altın rengi olana kadar pişirin. (Domatesler çok çabuk kızarıyorsa, ısıyı orta-düşük seviyeye indirin. Gerekirse daha fazla yağ ekleyin.) Kağıt havluyla kaplı bir tabağa boşaltın.

6. Servis yapmak için salatayı dört servis tabağına bölün. Üstüne köfte, soğan, paleo ketçap, Dijon usulü hardal ve susam kabuklu domates ekleyin.

*Not: Muhtemelen 2 büyük domatese ihtiyacınız olacaktır. Kırmızı domates kullanıyorsanız, henüz olgun fakat yine de biraz sert olan domatesleri seçin.

BABA GANUŞ SOSLU ÇUBUKTA HAMBURGER

SIRILSIKLAM:15 dakika hazırlama: 20 dakika ızgaralama: 35 dakika yapım: 4 porsiyon

BABA GHANOUSH ORTA DOĞU'DAN BIR YAYILIMDIRZEYTINYAĞLI, LIMONLU, SARIMSAKLI VE TAHINLI IZGARA FÜME PATLICAN PÜRESINDEN, ÖĞÜTÜLMÜŞ SUSAMDAN YAPILAN BIR MACUNDAN YAPILIR. SUSAM TOHUMU SERPMEK IYIDIR, ANCAK YAĞ VEYA MACUN HALINE GETIRILDIĞINDE ILTIHAPLANMAYA KATKIDA BULUNABILECEK KONSANTRE BIR LINOLEIK ASIT KAYNAĞI HALINE GELIRLER. BURADA KULLANILAN ÇAM FISTIĞI EZMESI GÜZEL BIR ALTERNATIFTIR.

4 adet kurutulmuş domates

1½ kilo yağsız dana eti

3 ila 4 yemek kaşığı ince doğranmış soğan

1 yemek kaşığı ince kıyılmış taze kekik ve/veya ince kıyılmış taze nane veya ½ çay kaşığı kurutulmuş kekik, ezilmiş

¼ çay kaşığı acı biber

Baba Ganuş dip sosu (bkz.<u>yemek tarifi</u>, Daha düşük)

1. Sekiz adet 10 inçlik tahta şişi 30 dakika boyunca suya batırın. Bu arada küçük bir kapta domateslerin üzerine kaynar su dökün; Rehidrasyon için 5 dakika bekletin. Domatesleri boşaltın ve kağıt havluyla kurulayın.

2. Doğranmış domatesleri, dana etini, soğanı, kekik ve acı biberi geniş bir kapta birleştirin. Et karışımını sekiz porsiyona bölün; her kısmı bir top haline getirin. Şişleri sudan çıkarın; kuraklık. Bir şişin üzerine bir top

yerleştirin ve sivri ucun hemen altından başlayarak şişin etrafında uzun bir oval yapın ve diğer uçta çubuğu tutacak kadar boşluk bırakın. Kalan şiş ve toplarla aynı işlemi tekrarlayın.

3. Kömürlü veya gazlı ızgara için biftek şişlerini orta ateşte doğrudan ızgaraya yerleştirin. Kapağını kapatın ve yaklaşık 6 dakika veya pişene kadar (160°F) pişirin, pişirmenin yarısına gelindiğinde bir kez çevirin. Baba Ganuş sosuyla servis yapın.

Baba Ganuş dip sos: 2 adet orta boy patlıcanın çeşitli yerlerini çatalla delin. Kömür veya gazlı ızgara için patlıcanı orta ateşte doğrudan ızgaraya yerleştirin. Kapağı kapatın ve 10 dakika veya her tarafı kömürleşene kadar ızgara yapın, ızgara sırasında birkaç kez çevirin. Patlıcanı çıkarın ve dikkatlice folyoya sarın. Sarılmış patlıcanı tekrar ızgaraya yerleştirin ancak doğrudan kömürlerin üzerine koymayın. Kapağı kapatın ve 25 ila 35 dakika daha veya çökene ve iyice yumuşayana kadar ızgara yapın. Serin. Patlıcanı ikiye bölün ve etini kazıyın; eti mutfak robotuna koyun. ¼ bardak çam fıstığı ezmesi ekleyin (bkz. <u>yemek tarifi</u>); ¼ bardak taze limon suyu; 2 diş sarımsak, kıyılmış; 1 yemek kaşığı sızma zeytinyağı; 2 ila 3 yemek kaşığı kıyılmış taze maydanoz; ve ½ çay kaşığı öğütülmüş kimyon. Örtün ve neredeyse pürüzsüz olana kadar işleyin. Sos daldırmak için çok kalınsa, istenilen kıvamı elde etmek için yeterli miktarda su ilave edin.

DUMANLA DOLU TATLI KIRMIZI BIBER

EĞITIM:20 dakika kavurma: 8 dakika pişirme: 30 dakika verim:
4 porsiyon

BUNU AILENIZIN FAVORISI YAPINÇEKICI BIR YEMEK IÇIN
RENKLI KIRMIZI BIBER KARIŞIMIYLA. KIZARTILMIŞ DOMATES,
YIYECEKLERE SAĞLIKLI BIR ŞEKILDE NASIL LEZZET
KATILACAĞININ GÜZEL BIR ÖRNEĞIDIR. DOMATESLERI
KONSERVELEMEDEN ÖNCE (TUZSUZ) HAFIFÇE KAVURMAK
LEZZETI ARTIRIR.

- 4 adet büyük yeşil, kırmızı, sarı ve/veya turuncu dolmalık
  biber
- 1 kg kıyma
- 1 yemek kaşığı füme baharat (bkz.<u>yemek tarifi</u>)
- 1 yemek kaşığı sızma zeytinyağı
- 1 küçük sarı soğan, doğranmış
- 3 diş sarımsak, kıyılmış
- 1 küçük baş karnabahar, çekirdeği çıkarılmış ve çiçek
  salkımlarına bölünmüş
- 1 15 onsluk tuz eklenmemiş, doğranmış ateşte kavrulmuş
  domates, süzülmüş
- ¼ bardak ince kıyılmış taze maydanoz
- ½ çay kaşığı karabiber
- ⅛ çay kaşığı acı biber
- ½ fincan fındık kırıntısı tepesi (bkz.<u>yemek tarifi</u>, Daha
  düşük)

1. Fırını 375°F'ye önceden ısıtın. Dolmalık biberi dikey
   olarak ikiye bölün. Sapları, tohumları ve zarları çıkarın;
   atmak Biber yarımlarını bir kenara koyun.

2. Sığır eti orta boy bir kaseye koyun; füme baharat serpin. Baharatları ete yavaşça karıştırmak için ellerinizi kullanın.

3. Zeytinyağını büyük bir tavada orta ateşte ısıtın. Et, soğan ve sarımsağı ekleyin; Et kızarana ve soğan yumuşayana kadar, tahta kaşıkla karıştırarak eti parçalayana kadar pişirin. Tencereyi ocaktan alın.

4. Karnabahar çiçeklerini mutfak robotunda çok ince kıyılana kadar işleyin. (Mutfak robotunuz yoksa karnabaharı rende üzerine rendeleyin.) Karnabaharı 3 su bardağı ölçün. Sığır eti karışımını tavaya ekleyin. (Karnabahar kaldıysa başka kullanım için saklayın.) Süzülmüş domatesi, maydanozu, karabiberi ve acı biberi ekleyin.

5. Biber yarımlarını kıyma karışımıyla doldurun, hafifçe sarın ve dikkatlice kapatın. Doldurulmuş kırmızı biber yarımlarını fırına dayanıklı bir kaba yerleştirin. 30 ila 35 dakika veya biberler çıtır çıtır ve yumuşak oluncaya kadar pişirin.* Üstüne ceviz kırıntısı serpin. İstenirse, servis yapmadan önce üzerinin çıtır olması için 5 dakika daha fırına dönün.

Ceviz Kırıntısı Tepesi: 1 çorba kaşığı sızma zeytinyağını orta-düşük ateşte orta tavada ısıtın. 1 çay kaşığı kurutulmuş kekik, 1 çay kaşığı füme kırmızı biber ve ¼ çay kaşığı sarımsak tozunu karıştırın. 1 su bardağı çok ince kıyılmış cevizi ekleyin. Yaklaşık 5 dakika veya fındıklar altın rengi kahverengi olana ve hafifçe kızarana kadar pişirin ve karıştırın. Bir veya iki tutam acı biber ekleyin. Tamamen soğumasını bekleyin. Artık

malzemeyi kullanıma hazır oluncaya kadar
buzdolabında sıkıca kapatılmış bir kapta saklayın. 1
bardak yapar.

*Not: Yeşil biber kullanıyorsanız 10 dakika daha pişirin.

CABERNET SOĞANLI VE ROKALI BIZON BURGERLER

EĞITIM:30 dakika hazırlama: 18 dakika ızgaralama: 10 dakika
ürün: 4 porsiyon

BIZON ÇOK DÜŞÜK YAĞ IÇERIĞINE SAHIPTIRVE SIĞIR
ETINDEN %30 ILA %50 DAHA HIZLI PIŞER. ET, PIŞIRILDIKTEN
SONRA KIRMIZI RENGINI KORUR, DOLAYISIYLA RENK,
PIŞMIŞLIĞIN GÖSTERGESI DEĞILDIR. BIZON ÇOK YAĞSIZ
OLDUĞUNDAN, ONU 155°F'LIK IÇ SICAKLIĞIN ÜZERINDE
PIŞIRMEYIN.

2 yemek kaşığı sızma zeytinyağı

2 büyük tatlı soğan, ince dilimlenmiş

¾ bardak Cabernet Sauvignon veya diğer sek kırmızı şarap

1 çay kaşığı Akdeniz baharatları (bkz.<u>yemek tarifi</u>)

¼ bardak sızma zeytinyağı

¼ bardak balzamik sirke

1 yemek kaşığı ince kıyılmış arpacık soğanı

1 yemek kaşığı taze doğranmış fesleğen

1 küçük diş sarımsak, ince doğranmış

1 kilo öğütülmüş bizon

¼ bardak fesleğen pesto (bkz.<u>yemek tarifi</u>)

5 bardak roka

Kavrulmuş çiğ tuzsuz antep fıstığı (bkz.<u>İpuçları</u>)

1. 2 yemek kaşığı yağı büyük bir tavada orta-düşük ateşte
   ısıtın. Soğanı ekleyin. Ara sıra karıştırarak 10 ila 15
   dakika veya soğan yumuşayana kadar kapağı kapalı
   olarak pişirin. Keşfetmek; Orta-yüksek ateşte 3 ila 5
   dakika veya soğan altın rengi oluncaya kadar pişirin ve

karıştırın. Şarap ekleyin; yaklaşık 5 dakika veya şarabın çoğu buharlaşana kadar pişirin. Akdeniz baharatlarını serpin; sıcak tutmak

2. Bu arada salata sosu için ¼ bardak zeytinyağı, sirke, arpacık soğan, fesleğen ve sarımsağı vidalı kapaklı bir kavanozda birleştirin. Örtün ve iyice çalkalayın.

3. Öğütülmüş bizonu ve fesleğen pestosunu geniş bir kapta yavaşça karıştırın. Et karışımını dikkatlice dört inç kalınlığında köfteler halinde şekillendirin.

4. Kömürlü veya gazlı ızgara için, köfteleri orta ateşte hafifçe yağlanmış bir ızgaraya yerleştirin. Kapağı kapatın ve yaklaşık olarak ızgara yapın. İstenilen pişmeye 10 dakika (orta pişmiş için 145°F veya orta pişmiş için 155°F), ızgaralamanın yarısında bir kez çevirin.

5. Rokayı geniş bir kaseye yerleştirin. Rokanın üzerine salata sosunu gezdirin; örtmek için atın. Servis yapmak için soğanları dört servis tabağına bölün; her birinin üstüne birer bizon burger koyun. Burgerlerin üzerine roka serpin ve üzerine antep fıstığı serpin.

DUMAN VE TATLI PATATES ÜZERINDE BIZON VE KUZU ETLI KEK

EĞITIM:1 saat pişirme: 20 dakika pişirme: 1 saat bekleme: 10 dakika yapım: 4 porsiyon

BU GÜZEL ESKI MODA RAHAT YEMEKMODERN BIR DOKUNUŞLA. KIRMIZI ŞARAP SOSU KÖFTEYE LEZZET KATIYOR VE SARIMSAK ÇORBASI VE KAJU KREMASI VE HINDISTANCEVIZI YAĞI ILE TATLI PATATES PÜRESI INANILMAZ BESIN IÇERIĞI SAĞLIYOR.

2 yemek kaşığı zeytinyağı

1 su bardağı ince doğranmış cremini mantarı

½ su bardağı ince doğranmış kırmızı soğan (1 orta boy)

½ su bardağı ince kıyılmış kereviz (1 sap)

⅓ su bardağı ince doğranmış havuç (1 küçük)

½ küçük çekirdekli elma, soyulmuş ve doğranmış

2 diş sarımsak, kıyılmış

½ çay kaşığı Akdeniz baharatları (bkz.<u>yemek tarifi</u>)

1 büyük yumurta, hafifçe dövülmüş

1 yemek kaşığı doğranmış taze adaçayı

1 yemek kaşığı taze doğranmış kekik

8 gram öğütülmüş bizon

8 gram kıyma kuzu veya dana eti

¾ fincan sek kırmızı şarap

1 orta boy arpacık soğanı, ince doğranmış

¾ su bardağı dana kemik suyu (bkz.<u>yemek tarifi</u>) veya tuzsuz et suyu

Tatlı patates püresi (bkz.<u>yemek tarifi</u>, Daha düşük)

Sarımsaklı pazı (bkz._yemek tarifi_, Daha düşük)

1. Fırını 350°F'ye önceden ısıtın. Yağı büyük bir tavada orta ateşte ısıtın. Mantar, soğan, kereviz ve havuç ekleyin; yaklaşık 5 dakika veya sebzeler yumuşayana kadar pişirin ve karıştırın. Isıyı en aza indirin; doğranmış elmayı ve sarımsağı ekleyin. Yaklaşık 5 dakika veya sebzeler iyice yumuşayana kadar üstü kapalı olarak pişirin. Ateşten alın; Akdeniz baharatlarını karıştırın.

2. Mantar karışımını büyük bir kaseye aktarmak için oluklu bir kaşık kullanın ve damlayanları tavada saklayın. Yumurta, adaçayı ve kekiği karıştırın. Bizon ve öğütülmüş kuzu ekleyin; yavaşça karıştırın. Et karışımını 2 litrelik dikdörtgen bir tavaya dökün; 7 × 4 inçlik bir dikdörtgen oluşturuyor. Yaklaşık olarak pişirin. 1 saat veya anında okunan bir termometre 155°F'yi kaydedene kadar. 10 dakika bekletin. Köfteleri dikkatlice servis tabağına alın. Örtün ve sıcak tutun.

3. Tava sosu için, pişirme kabındaki damlamaları ve çıtır kahverengi parçaları tavada ayrılmış damlamalara kazıyın. Şarap ve arpacık ekleyin. Orta ateşte kaynatın; yarısına kadar kaynatın. Sığır eti kemik suyunu ekleyin; yarı yarıya azalıncaya kadar pişirin ve karıştırın. Tencereyi ocaktan alın.

4. Servis yapmak için tatlı patates püresini dört servis tabağına bölün; üstüne biraz İsviçre sarımsağı dumanı ekleyin. Köfteyi dilimleyin; dilimleri sarımsak pazısının üzerine yerleştirin ve tava sosunu gezdirin.

Tatlı patates püresi: 4 adet orta boy tatlı patatesi soyun ve kabaca doğrayın. Patatesleri büyük bir tencerede, üzerini kaplayacak kadar kaynar suda 15 dakika veya yumuşayana kadar pişirin; Patates püresi ile püreyi sızdırın. ½ bardak kaju kreması ekleyin (bkz.<u>yemek tarifi</u>) ve 2 yemek kaşığı rafine edilmemiş hindistancevizi yağı; pürüzsüz olana kadar püre haline getirin. Sıcak tutun.

Pazı Pazı: 2 demetten sapları çıkarın ve atın. Yaprakları irice doğrayın. Büyük bir tavada 2 yemek kaşığı zeytinyağını orta ateşte ısıtın. İsviçre pazısını ve kıyılmış 2 diş sarımsağı ekleyin; ara sıra çevirerek dumanı kayboluncaya kadar pişirin.

ELMA SOSLU BIZON KÖFTESI VE KABAK PAPPARDELLELI KUŞ ÜZÜMÜ

EĞITIM:25 dakika pişirme: 15 dakika kavurma: 18 dakika verim: 4 porsiyon

KÖFTELER ÇOK NEMLI OLACAKSIZ ONLARI OLUSTURURKEN. ET KARISIMININ ELLERINIZE YAPISMASINI ÖNLEMEK IÇIN, BIR KASE SOGUK SUYU HAZIR BULUNDURUN VE ÇALISIRKEN ARA SIRA ELLERINIZI ISLATIN. KÖFTELERI YAPARKEN SUYUNU BIRKAÇ KEZ DEGISTIRIN.

KÖFTELER
Zeytin yağı
½ su bardağı iri doğranmış kırmızı soğan
2 diş sarımsak, kıyılmış
1 yumurta, hafifçe çırpılmış
½ su bardağı mantar ve ince doğranmış sapları
2 yemek kaşığı taze doğranmış İtalyan maydanozu (düz
   yaprak)
2 çay kaşığı zeytinyağı
1 kiloluk öğütülmüş bizon (varsa kaba öğütülmüş)

ELMA VE KUŞ ÜZÜMÜ SOSU
2 yemek kaşığı zeytinyağı
2 büyük Granny Smith elması, soyulmuş, çekirdekleri
   çıkarılmış ve ince doğranmış
2 arpacık soğan, doğranmış
2 yemek kaşığı taze limon suyu
½ bardak tavuk kemik suyu (bkz.<u>yemek tarifi</u>) veya tuzsuz
   tavuk suyu

2 ila 3 yemek kaşığı kurutulmuş kuş üzümü

KABAK PAPPARDELLE
  6 balkabağı
  2 yemek kaşığı zeytinyağı
  ¼ fincan ince kıyılmış sis
  ½ çay kaşığı toz kırmızı biber
  2 diş sarımsak, kıyılmış

1. Köfteler için fırını önceden 375°F'ye ısıtın. Bir fırın
   tepsisini hafifçe zeytinyağıyla fırçalayın; yan tarafa
   koyun. Soğanı ve sarımsağı bir mutfak robotunda veya
   blenderde birleştirin. Sabitlenene kadar nabız atın.
   Soğan karışımını orta boy bir kaseye aktarın. Yumurta,
   mantar, maydanoz ve 2 çay kaşığı yağ ekleyin;
   birleştirmek için karıştırın. Zemin bizonunu ekleyin;
   yavaşça ama iyice karıştırın. Et karışımını 16 porsiyona
   bölün; köfte için kalıp. Köfteleri hazırlanan fırın
   tepsisine eşit şekilde yerleştirin. 15 dakika pişirin; yan
   tarafa koyun.

2. Sos için 2 yemek kaşığı yağı bir tavada orta ateşte ısıtın.
   Elma ve arpacık soğanı ekleyin; 6 ila 8 dakika veya çok
   yumuşayana kadar pişirin ve karıştırın. Limon suyunu
   karıştırın. Karışımı bir mutfak robotuna veya blendera
   aktarın. Örtün ve pürüzsüz olana kadar işleyin veya
   karıştırın; tavaya geri dön. Tavuk kemik suyunu ve kuş
   üzümünü karıştırın. Kaynamak; ısıyı azaltın. Sık sık
   karıştırarak 8 ila 10 dakika boyunca kapağı açık pişirin.
   Köfte ekleyin; kaynatın ve ılık olana kadar kısık ateşte
   karıştırın.

3. Bu arada pappardelle için kabakların uçlarını kesin. Bir mandolin veya çok keskin bir sebze soyucu kullanarak kabakları ince şeritler halinde parçalayın. (Kurdelelerin sağlam kalması için balkabağının ortasındaki çekirdeklere ulaştıktan sonra tıraş etmeyi bırakın.) Çok büyük bir tavada 2 yemek kaşığı yağı orta ateşte ısıtın. Yeşil soğanı, ezilmiş kırmızı biberi ve sarımsağı karıştırın; 30 saniye pişirin ve karıştırın. Kabak şeritlerini ekleyin. Yaklaşık 3 dakika veya sadece solana kadar yavaşça pişirin ve karıştırın.

4. Servis yapmak için pappardelle'yi dört servis tabağına bölün; üstüne köfte, elma püresi ve kuş üzümü ekleyin.

KAVRULMUŞ SARIMSAKLI SPAGETTI KABAKLI BISON-PORCINI BOLOGNESE

EĞITIM:30 dakika pişirme: 1 saat 30 dakika pişirme: 35 dakika: 6 porsiyon

EĞER YEDIĞINI DÜŞÜNDÜYSENPALEO DIYETI®'NI UYGULADIĞINIZDA SON ET SOSLU SPAGETTINIZI YEDINIZ, TEKRAR DÜŞÜNÜN. SARIMSAK, KIRMIZI ŞARAP VE DÜNYEVI PORCINI MANTARLARIYLA TATLANDIRILAN BU ZENGIN BOLONEZ, TATLI VE LEZZETLI SPAGETTI KABAK DILIMLERININ ÜZERINE YERLEŞTIRILMIŞTIR. PASKALYA'YI HIÇ KAÇIRMAK ISTEMEZSIN.

- 1 ons kurutulmuş porçini mantarı
- 1 su bardağı kaynar su
- 3 yemek kaşığı sızma zeytinyağı
- 1 kilo öğütülmüş bizon
- 1 su bardağı ince doğranmış havuç (2)
- ½ su bardağı doğranmış soğan (1 orta boy)
- ½ su bardağı ince kıyılmış kereviz (1 sap)
- 4 diş sarımsak, kıyılmış
- 3 yemek kaşığı tuzsuz domates püresi
- ½ bardak kırmızı şarap
- 2 adet 15 onsluk kutu, tuz eklenmemiş ezilmiş domates
- 1 çay kaşığı kurutulmuş kekik, ezilmiş
- 1 çay kaşığı kurutulmuş kekik, ezilmiş
- ½ çay kaşığı karabiber
- 1 orta boy spagetti kabak (2½ ila 3 pound)
- 1 diş sarımsak

1. Küçük bir kapta porcini mantarlarını ve kaynar suyu birleştirin; 15 dakika bekletin. %100 pamuklu tülbentle kaplı bir süzgeçten geçirin ve ıslatma sıvısını saklayın. Mantarları doğrayın; yan tarafa koyun.

2. 1 çorba kaşığı zeytinyağını 4 ila 5 litrelik Hollanda fırınında orta ateşte ısıtın. Öğütülmüş bizonu, havuçları, soğanı, kerevizi ve sarımsağı ekleyin. Eti parçalamak için tahta kaşıkla karıştırarak etler kızarana ve sebzeler yumuşayana kadar pişirin. Domates püresini ekleyin; 1 dakika pişirin ve karıştırın. Kırmızı şarap ekleyin; 1 dakika pişirin ve karıştırın. Porçini mantarı, domates, kekik, kekik ve biberi karıştırın. Tencerenin dibinde bulunabilecek kum veya çakıl eklememeye dikkat ederek ayrılmış mantar sıvısını ekleyin. Ara sıra karıştırarak kaynatın; ısıyı düşük seviyeye düşürün. Kapağı kapalı olarak 1½ ila 2 saat veya istenilen kıvama gelinceye kadar pişirin.

3. Bu arada fırını 375°F'ye önceden ısıtın. Kabağı uzunlamasına ikiye bölün; tohumları kazıyın. Kabak yarımlarını kesilmiş tarafı aşağı gelecek şekilde büyük bir fırın tepsisine yerleştirin. Derinin her yerini çatalla delin. Sarımsak başının üst kısmını ½ inç kesin. Kesilmiş sarımsakları kabakla birlikte fırın tepsisine yerleştirin. Kalan 1 yemek kaşığı zeytinyağını gezdirin. 35 ila 45 dakika veya kabak ve sarımsak yumuşayana kadar kızartın.

4. Bir kaşık ve çatal kullanarak kabak posasını her balkabağı yarısından çıkarın ve rendeleyin; bir kaseye aktarın ve sıcak tutmak için üzerini örtün. Sarımsak işlenecek

kadar soğuduğunda, karanfilleri çıkarmak için alttaki ampulü sıkın. Sarımsak dişlerini ezmek için çatal kullanın. Kıyılmış sarımsakları kabakların içine eşit şekilde yayarak karıştırın. Servis etmek için sosu kabak karışımının üzerine dökün.

ETLI BISON CHILI

ŞEKERSIZ ÇIKOLATA, KAHVE VE TARÇINBU TUTARLI FAVORIYE ILGI EKLEYIN. DAHA DA DUMANLI BIR TAT ISTIYORSANIZ NORMAL KIRMIZI BIBERI 1 ÇORBA KAŞIĞI FÜME TATLI KIRMIZI BIBERLE DEĞIŞTIRIN.

3 yemek kaşığı sızma zeytinyağı

1 kilo öğütülmüş bizon

½ su bardağı doğranmış soğan (1 orta boy)

2 diş sarımsak, kıyılmış

2 adet 14,5 onsluk kutu doğranmış tuzsuz eklenmiş domates, soyulmuş

1 6 onsluk tuzsuz domates salçası

1 su bardağı dana kemik suyu (bkz.<u>yemek tarifi</u>) veya tuzsuz et suyu

½ fincan sert kahve

2 ons %99 kakaolu pişirme çubuğu, doğranmış

1 yemek kaşığı kırmızı biber

1 çay kaşığı öğütülmüş kimyon

1 çay kaşığı kurutulmuş kekik

1½ çay kaşığı füme baharat (bkz.<u>yemek tarifi</u>)

½ çay kaşığı öğütülmüş tarçın

⅓ bardak külçeler

1 çay kaşığı zeytinyağı

½ fincan kaju kreması (bkz.<u>yemek tarifi</u>)

1 çay kaşığı taze limon suyu

½ bardak taze kişniş yaprağı

4 dilim limon

1. 3 yemek kaşığı zeytinyağını Hollanda fırınında orta ateşte ısıtın. Öğütülmüş bizonu, soğanı ve sarımsağı ekleyin; Eti parçalamak için tahta bir kaşıkla karıştırarak yaklaşık 5 dakika veya et kızarana kadar pişirin. Çekmemiş domates, domates püresi, dana kemik suyu, kahve, çikolata, kırmızı biber, kimyon, kekik, 1 çay kaşığı yenibahar ve tarçını karıştırın. Kaynamak; ısıyı azaltın. Ara sıra karıştırarak, kapağı kapalı olarak 1 saat pişirin.

2. Bu arada küçük bir tavada pepitaları 1 çay kaşığı zeytinyağında orta ateşte, nüfuz edip altın rengini alana kadar kızartın. Külçeyi küçük bir kaseye yerleştirin; kalan ½ çay kaşığı füme baharatı ekleyin; örtmek için atın.

3. Kaju kremasını ve limon suyunu küçük bir kasede birleştirin.

4. Servis yapmak için biberleri kaselere koyun. Üst kısımlarda kaju kreması, pepitas ve kişniş bulunur. Kireç dilimleri ile servis yapın.

IZGARA LIMONLU FAS BAHARATLI BIZON BIFTEĞI

EĞITIM:10 dakika ızgara: 10 dakika: 4 porsiyon

BU ÇABUK ÇÖZÜLEN BIFTEKLERI SERVIS EDINSOĞUK VE ÇITIR BAHARATLI HAVUÇ SALATASI ILE (BKZ.<u>YEMEK TARIFI</u>). CANINIZ HINDISTANCEVIZI KREMALI IZGARA ANANASLA BIR ZIYAFET ÇEKME HAVASINDAYSANIZ (BKZ.<u>YEMEK TARIFI</u>) YEMEĞI BITIRMENIN HARIKA BIR YOLU OLURDU.

2 yemek kaşığı öğütülmüş tarçın

2 yemek kaşığı kırmızı biber

1 yemek kaşığı sarımsak tozu

¼ çay kaşığı acı biber

4 6 onsluk bizon fileto mignon bifteği, ¾ ila 1 inç
    kalınlığında kesilmiş

2 limon, yatay olarak ikiye bölünmüş

1. Küçük bir kapta tarçın, kırmızı biber, sarımsak tozu ve
kırmızı biberi karıştırın. Biftekleri kağıt havluyla
kurulayın. Bifteğin her iki tarafını da baharat
karışımıyla ovalayın.

2. Kömürlü veya gazlı ızgara için biftekleri doğrudan orta
ateşteki ızgaraya yerleştirin. Kapağını kapatın ve orta
pişmiş (145°F) için 10 ila 12 dakika veya orta pişmiş
(155°F) için 12 ila 15 dakika ızgara yapın, pişirme
işleminin yarısında bir kez çevirin. Bu arada limon
yarımlarını kesilmiş tarafı aşağı gelecek şekilde bir tel
ızgara üzerine yerleştirin. 2 ila 3 dakika veya hafifçe
kömürleşene ve sulu olana kadar pişirin.

3. Bifteklerin üzerine sıkmak için ızgara limon yarımları ile
   servis yapın.

PROVENCE'TAN GELEN OTLARLA OVUŞTURULMUŞ BIZON FILETO BIFTEĞI

EĞITIM:15 dakika kavurma: 15 dakika kavurma: 1 saat 15 dakika bekleme: 15 dakika yapım: 4 porsiyon

HERBES DE PROVENCE BIR KARIŞIMDIRFRANSA'NIN GÜNEYINDE BOL MIKTARDA YETIŞEN KURUTULMUŞ OTLAR. KARIŞIM GENELLIKLE FESLEĞEN, REZENE TOHUMU, LAVANTA, MERCANKÖŞK, BIBERIYE, ADAÇAYI, YAZ KEKIĞI VE KEKIĞIN BIR KOMBINASYONUNU IÇERIR. BU ÇOK AMERIKAN BIFTEĞININ TADI ÇOK GÜZEL.

1 bizon biftek 3 kg

3 yemek kaşığı Provence otları

4 yemek kaşığı sızma zeytinyağı

3 diş sarımsak, kıyılmış

4 küçük yaban havucu, temizlenmiş ve doğranmış

2 adet olgun armut, çekirdekleri çıkarılmış ve doğranmış

½ bardak şekersiz armut nektarı

1 ila 2 çay kaşığı taze kekik

1. Fırını 375°F'ye önceden ısıtın. Bifteğin yağını kesin. Küçük bir kapta Herbes de Provence, 2 yemek kaşığı zeytinyağı ve sarımsağı birleştirin; bifteğin her yerine sürün.

2. Bifteği küçük bir tavadaki rafa yerleştirin. Kızartmanın ortasına bir fırın termometresi yerleştirin.* Kapağı açık olarak 15 dakika kızartın. Fırın sıcaklığını 300°F'a düşürün. 60 ila 65 dakika daha uzun süre veya et

termometresi 140°F (orta pişmiş) sıcaklığı gösterene kadar kızartın. Folyo ile örtün ve 15 dakika bekletin.

3. Bu arada büyük bir tavada kalan 2 yemek kaşığı zeytinyağını orta ateşte ısıtın. Yaban havucu ve armut ekleyin; 10 dakika veya yaban havuçları gevrekleşinceye kadar ara sıra karıştırarak pişirin. Armut nektarını ekleyin; yaklaşık 5 dakika veya sos hafifçe kalınlaşana kadar pişirin. Kekiğin üzerine serpin.

4. Biftekleri damar boyunca ince dilimler halinde kesin. Eti yaban havucu ve armutla birlikte servis edin.

*İpucu: Bizon çok yağsızdır ve sığır etinden daha hızlı pişer. Ek olarak etin rengi sığır etinden daha kırmızıdır, dolayısıyla pişmiş olup olmadığını belirlemek için görsel bir ipucuna güvenemezsiniz. Etin ne zaman piştiğini size bildirecek bir et termometresine ihtiyacınız var. Bir fırın termometresi idealdir ancak bir zorunluluk değildir.

MANDALINA GREMOLATA VE KEREVIZ KÖKÜ PÜRESI ILE KAHVEDE KIZARTILMIS BIZON KISA KABURGA

EĞITIM:15 dakika Pişirme süresi: 2 saat 45 dakika Yapılışı: 6 porsiyon

BIZON KISA KABURGALARI BÜYÜK VE ETLIDIR.YUMUŞAK HALE GELMELERI IÇIN SIVI IÇINDE UZUN SÜRE IYI PIŞMELERI GEREKIR. MANDALINA KABUĞUYLA YAPILAN GREMOLATA BU DOYURUCU YEMEĞIN LEZZETINI PARLATIYOR.

MARINE EDILMIŞ

2 bardak su

3 fincan sert, soğuk kahve

2 su bardağı taze mandalina suyu

2 yemek kaşığı taze doğranmış biberiye

1 çay kaşığı iri öğütülmüş karabiber

4 pound bizon kısa kaburga, ayırmak için kaburgaların arasından kesilmiş

BOĞULMUŞ KAYNATIN

2 yemek kaşığı zeytinyağı

1 çay kaşığı karabiber

2 su bardağı doğranmış soğan

½ bardak doğranmış arpacık soğanı

6 diş sarımsak, kıyılmış

1 jalapeno biberi, çekirdekleri çıkarılmış ve doğranmış (bkz.İpuçları)

1 fincan sert kahve

1 su bardağı dana kemik suyu (bkz.yemek tarifi) veya tuzsuz et suyu

¼ fincan Paleo Ketçap (bkz.<u>yemek tarifi</u>)

2 yemek kaşığı Dijon tarzı hardal (bkz.<u>yemek tarifi</u>)

3 yemek kaşığı elma sirkesi

Kereviz kökü püresi (bkz.<u>yemek tarifi</u>, Daha düşük)

Mandalina gremolata (bkz.<u>yemek tarifi</u>, Sağ)

1. Marine için, büyük, reaktif olmayan bir kapta (cam veya paslanmaz çelik) suyu, soğutulmuş kahveyi, mandalina suyunu, biberiyeyi ve karabiberi birleştirin. Kaburga ekleyin. Gerekirse kaburgaların üzerine bir tabak koyarak suyun altında kalmasını sağlayın. Bir kez yeniden düzenleyip karıştırarak 4 ila 6 saat boyunca örtün ve soğutun.

2. Kızartmak için fırını 325°F'ye önceden ısıtın. Kaburgaları boşaltın, turşuyu atın. Kaburgaları kağıt havluyla kurulayın. Büyük bir Hollanda fırınında, zeytinyağını orta-yüksek ateşte ısıtın. Kaburgaları karabiberle tatlandırın. Kaburgayı her tarafı kahverengi olana kadar gruplar halinde, parti başına yaklaşık 5 dakika kızartın. Büyük bir tabağa aktarın.

3. Tencereye soğan, arpacık soğanı, sarımsak ve jalapeno ekleyin. Isıyı orta dereceye düşürün, kapağını kapatın ve sebzeler yumuşayıncaya kadar, ara sıra karıştırarak, yakl. 10 dakika. Kahve ve et suyu ekleyin; kızartılmış parçaları kazıyarak karıştırın. Paleo Ketçap, Dijon usulü hardal ve sirkeyi ekleyin. Kaynamak. Kaburga ekleyin. Kapağını kapatıp fırına aktarın. Et yumuşayana kadar yaklaşık 2 saat 15 dakika kadar, hafifçe karıştırarak ve kaburgaları bir veya iki kez yeniden düzenleyerek pişirin.

4. Kaburgaları bir tabağa aktarın; Sıcak tutmak için folyolu çadır. Sosun yüzeyine kaşık yağıyla. Sosu 2 bardağa düşene kadar yaklaşık 5 dakika kaynatın. Kereviz kökü püresini 6 tabağa bölün; üstüne kaburga ve sos ekleyin. Mandarin Gremolata'nın üzerine serpin.

Kereviz Kökü Püresi: Büyük bir tencerede, soyulmuş ve 1 inçlik parçalar halinde kesilmiş 3 kilo kereviz kökünü ve 4 bardak tavuk kemik suyunu birleştirin (bkz.<u>yemek tarifi</u>) veya tuzsuz tavuk suyu. Kaynamak; ısıyı azaltın. Et suyunu muhafaza ederek kereviz kökünü boşaltın. Kereviz kökünü tencereye yerleştirin. 1 yemek kaşığı zeytinyağı ve 2 çay kaşığı taze doğranmış kekik ekleyin. Bir patates ezici kullanarak kereviz kökünü ezin ve istenen kıvamı elde etmek için gerektiğinde birkaç yemek kaşığı ayrılmış et suyu ekleyin.

Mandalina Gremolata: ½ bardak doğranmış taze maydanozu, 2 yemek kaşığı ince kıyılmış mandalina kabuğu rendesini ve 2 diş kıyılmış sarımsağı küçük bir kasede birleştirin.

DANA KEMIK SUYU

EĞITIM:25 dakika Kavurma: 1 saat Kavurma: 8 saat Üretim: 8 ila 10 bardak

KEMIKSIZ ÖKÜZ KUYRUĞU SON DERECE ZENGIN BIR TADA SAHIP BIR ET SUYU YAPARSIĞIR ETI SUYU GEREKTIREN HERHANGI BIR TARIFTE KULLANILABILIR VEYA GÜNÜN HERHANGI BIR SAATINDE BIR BARDAĞIN YANINDA SERVIS EDILEBILIR. BAŞLANGIÇTA BIR BOĞADAN GELMIŞ OLSALAR DA, ÖKÜZ KUYRUĞU ARTIK SIĞIR ETI OLAN BIR HAYVANDAN GELIYOR.

5 havuç, iri doğranmış

5 sap kereviz, iri doğranmış

2 sarı soğan, soyulmuş, ikiye bölünmüş

8 gram beyaz mantar

1 diş sarımsak, soyulmuş, yarıya bölünmüş

2 kilo öküz kuyruğu veya öküz kemiği

2 domates

12 su bardağı soğuk su

3 defne yaprağı

1. Fırını 400°F'ye önceden ısıtın. Geniş kenarlı bir tavaya veya küçük bir pişirme kabına havuç, kereviz, soğan, mantar ve sarımsağı dizin; kemikleri sebzelerin üzerine yerleştirin. Domatesleri homojen hale gelinceye kadar mutfak robotunda çekin. Domatesleri kemiklerin üzerine kaplayacak şekilde yayın (pürenin bir kısmının tavaya ve sebzelerin üzerine damlaması sorun değil). 1 ila 1 1/2 saat boyunca veya kemikler koyu kahverengi olana ve sebzeler karamelize olana kadar kızartın.

Kemikleri ve sebzeleri 10 ila 12 litrelik Hollanda fırınına veya tencereye aktarın. (Tavanın dibinde domates karışımının bir kısmı karamelleşirse tavaya 1 su bardağı sıcak su ekleyin ve topakları kazıyın. Sıvıyı kemiklerin ve sebzelerin üzerine dökün ve suyu 1 su bardağı kadar azaltın.) Soğuk ekleyin. su ve defne yaprağı.

2. Karışımı orta-yüksek ila yüksek ısıda yavaş yavaş kaynatın. Isıyı azaltır; örtün ve et suyunu ara sıra karıştırarak 8 ila 10 saat pişirin.

3. Et suyunu süzün; kemikleri ve sebzeleri atın. soğuk et suyu; et suyunu saklama kaplarına aktarın ve 5 güne kadar buzdolabında saklayın; 3 aya kadar dondurun.*

Yavaş Pişirici Talimatları: 6 ila 8 litrelik yavaş pişirici için, 1 pound sığır budu, 3 havuç, 3 sap kereviz, 1 sarı soğan ve 1 diş sarımsak kullanın. 1 domatesi püre haline getirin ve bacaklara sürün. Belirtildiği gibi pişirin, ardından kemikleri ve sebzeleri yavaş pişiriciye aktarın. Karamelize edilmiş domatesleri belirtildiği gibi çıkarın ve yavaş tencereye ekleyin. Üzerini kaplayacak kadar su ekleyin. Kapağını kapatıp yüksek ateşte et suyu kaynayana kadar yaklaşık 4 saat pişirin. Düşük ayara düşürün; 12 ila 24 saat pişirin. Suyu süzün; kemikleri ve sebzeleri atın. Belirtildiği şekilde saklayın.

*İpucu: Et suyundan yağı kolayca çıkarmak için et suyunu kapalı bir kapta buzdolabında bir gece boyunca saklayın. Yağ üste çıkacak ve kolayca çıkarılabilecek katı bir tabaka oluşturacaktır. Et suyu soğuduktan sonra kalınlaşabilir.

BAHARATLI TATLI PATATES ILE OVUŞTURULMUŞ TUNUS DOMUZ OMUZU

BU YAPMAK IÇIN HARIKA BIR YEMEKSERIN BIR SONBAHAR GÜNÜNDE. ETIN FIRINDA SAATLERCE PISMESI EVIN HARIKA KOKMASINI SAGLAR VE SIZE BASKA SEYLER YAPMAK IÇIN ZAMAN KAZANDIRIR. FIRINDA TATLI PATATES KIZARTMASI, BEYAZ PATATESLER GIBI ÇITIR ÇITIR OLMAZ, ANCAK KENDI TARZLARINDA LEZZETLIDIRLER, ÖZELLIKLE DE SARIMSAKLI MAYONEZE BATIRILDIGINDA.

DOMUZ

1 2½ ila 3 kiloluk kemikli domuz omuz bifteği

2 çay kaşığı öğütülmüş ancho biberi

2 çay kaşığı öğütülmüş kimyon

1 çay kaşığı kimyon tohumu, hafifçe ezilmiş

1 çay kaşığı öğütülmüş kişniş

½ çay kaşığı öğütülmüş zerdeçal

¼ çay kaşığı öğütülmüş tarçın

3 yemek kaşığı zeytinyağı

PATATES KIZARTMASI

4 orta boy tatlı patates (yaklaşık 2 pound), soyulmuş ve ½ inç kalınlığında dilimler halinde kesilmiş

½ çay kaşığı toz kırmızı biber

½ çay kaşığı soğan tozu

½ çay kaşığı sarımsak tozu

Zeytin yağı

1 soğan, ince dilimlenmiş

Paleo Aïoli (Sarımsak Mayo) (bkz.yemek tarifi)

1. Fırını 300°F'ye önceden ısıtın. Etin yağını kesin.
   Öğütülmüş ancho biberi, öğütülmüş kimyon, kimyon,
   kişniş, zerdeçal ve tarçını küçük bir kasede birleştirin.
   Eti baharat karışımıyla serpin; parmaklarınızı kullanın
   ve eti eşit şekilde ovalayın.

2. 1 çorba kaşığı zeytinyağını, 5 ila 6 litrelik fırına dayanıklı
   Hollanda fırınında orta-yüksek ateşte ısıtın. Domuz
   etinin her tarafını kızgın yağda kızartın. Kapağını
   kapatın ve yaklaşık olarak pişirin. 4 saat veya çok
   yumuşayana ve et termometresi 190°F'yi kaydedene
   kadar. Hollandalı fırını fırından çıkarın. Siz patates
   kızartmasını ve soğanı hazırlarken, Hollanda fırınında 1
   yemek kaşığı yağ ayırarak üstü kapalı olarak bekletin.

3. Fırın sıcaklığını 400°F'a yükseltin. Patates kızartması için
   büyük bir kapta tatlı patatesleri, kalan 2 yemek kaşığı
   zeytinyağını, ezilmiş kırmızı biberi, soğan tozunu ve
   sarımsağı birleştirin; örtmek için atın. Büyük veya iki
   küçük fırın tepsisini folyoyla kaplayın; ekstra zeytinyağı
   ile fırçalayın. Tatlı patatesleri hazırlanan fırın
   tepsilerine tek kat halinde yerleştirin. Yaklaşık 30
   dakika veya yumuşayana kadar pişirin, pişirme
   işleminin yarısında tatlı patatesleri çevirin.

4. Bu arada eti Hollandalı fırından çıkarın; Sıcak tutmak için
   folyo ile örtün. 1 çorba kaşığı yağ ayırarak damlamaları
   boşaltın. Ayrılmış yağı Hollanda fırınına yerleştirin.
   Soğan ekleyin; Orta ateşte yaklaşık 5 dakika veya
   yumuşayana kadar ara sıra karıştırarak pişirin.

5. Domuz eti ve soğanı servis tabağına aktarın. İki çatal
   kullanarak domuz etini büyük parçalara ayırın. Çekilmiş
   domuz eti ve patates kızartmasını Paleo Aïoli ile servis
   edin.

KÜBA IZGARA DOMUZ OMUZU

EĞITIM:15 dakika Marine etme: 24 saat Izgara: 2 saat 30 dakika
Bekleme: 10 dakika Yapım: 6 ila 8 porsiyon

MENŞE ÜLKESINDE "LECHON ASADO" OLARAK BILINEN,BU
DOMUZ ROSTOSU, TAZE NARENCIYE SUYU, BAHARATLAR,
ÖĞÜTÜLMÜŞ KIRMIZI BIBER VE BIR DIŞ SARIMSAKTAN
OLUŞAN BIR KOMBINASYONLA MARINE EDILIR. BIR GECE
ÖNCEDEN MARINEDE BEKLETTIKTEN SONRA SICAK KÖMÜR
ÜZERINDE PIŞIRMEK HARIKA BIR TAT VERIR.

1 diş sarımsak, dişleri ayrılmış, soyulmuş ve doğranmış

1 su bardağı iri doğranmış soğan

1 su bardağı zeytinyağı

1⅓ bardak taze limon suyu

⅔ bardak taze portakal suyu

1 yemek kaşığı öğütülmüş kimyon

1 yemek kaşığı kurutulmuş kekik, ezilmiş

2 çay kaşığı taze çekilmiş karabiber

1 çay kaşığı toz kırmızı biber

1 4 ila 5 kiloluk kemiksiz domuz omuz bifteği

1. Marine için sarımsak başlarını karanfillere bölün.
   Karanfilleri temizleyip doğrayın; Büyük bir kaseye
   koyun. Soğan, zeytinyağı, limon suyu, portakal suyu,
   kimyon, kekik, karabiber ve toz kırmızı biberi ekleyin.
   İyice karıştırın ve bir kenara koyun.

2. Bir kemik bıçağı kullanarak domuz etinin her tarafını
   derin bir şekilde kesin. Biftekleri dikkatlice turşunun
   içine yerleştirin ve mümkün olduğunca sıvıya batırın.

Kaseyi plastik ambalajla sıkıca kapatın. Bir kez çevirerek buzdolabında 24 saat marine edin.

3. Domuz etini marinattan çıkarın. Marinayı orta boy bir tencereye dökün. Kaynamak; 5 dakika pişirin. Ateşten alıp soğumaya bırakın. Yan tarafa koyun.

4. Kömürlü ızgara için orta-sıcak kömürleri bir damlama kabının etrafına yerleştirin. Tava üzerinde orta ateşte test edin. Eti damlama tepsisinin üzerindeki ızgaraya yerleştirin. Kapağı kapatın ve 2½ ila 3 saat boyunca veya biftek kayıtlarının ortasına anında okunan bir termometre 140°F yerleştirilene kadar ızgara yapın. (Gazlı ızgara için, ızgarayı önceden ısıtın. Isıyı orta seviyeye düşürün. Dolaylı pişirme için ayarlayın. Eti ızgaraya, kapalı olan ocağın üzerine yerleştirin. Ayrıca ızgarayı belirtilen şekilde kapatın.) Eti ızgaradan çıkarın. Folyo ile gevşek bir şekilde örtün ve kesmeden veya çekmeden önce 10 dakika bekletin.

İTALYAN BAHARATLI DOMUZ ROSTOSU SEBZELI

EĞITIM:20 dakika pişirme: 2 saat 25 dakika bekleme: 10 dakika yapım: 8 porsiyon

"TAZE EN IYISIDIR" IYI BIR MANTRADIRÇOĞU ZAMAN YEMEK PIŞIRMEYE GELINCE TAKIP ETMEK. ANCAK KURUTULMUŞ OTLAR ET YEMEKLERINDE ÇOK IŞE YARAR. BITKILER KURUTULDUĞUNDA TATLARI YOĞUNLAŞIR. MAYDANOZ, REZENE, KEKIK, SARIMSAK VE KIRMIZI BIBERLE TATLANDIRILAN BU İTALYAN USULÜ BIFTEKTE OLDUĞU GIBI, ETIN IÇINDEKI NEMLE TEMAS ETTIĞINDE AROMALARI IÇINE SALIYOR.

2 yemek kaşığı kurutulmuş maydanoz, ezilmiş

2 yemek kaşığı rezene tohumu, ezilmiş

4 çay kaşığı kurutulmuş kekik, ezilmiş

1 çay kaşığı taze çekilmiş karabiber

½ çay kaşığı toz kırmızı biber

4 diş sarımsak, kıyılmış

1 4 kg kemikli domuz omuz bifteği

1 ila 2 yemek kaşığı zeytinyağı

1¼ su bardağı su

2 orta boy soğan, soyulmuş ve dilimlenmiş

1 büyük rezene soğanı, kesilmiş, çekirdeği çıkarılmış ve dilimlenmiş

2 kg Brüksel lahanası

1. Fırını 325°F'ye önceden ısıtın. Maydanoz, rezene tohumu, kekik, karabiber, ezilmiş kırmızı biber ve sarımsağı küçük bir kapta birleştirin; yan tarafa koyun. Gerekirse kızarmış domuz etinin ambalajını açın. Etin yağını

kesin. Eti her tarafına baharat karışımıyla sürün.
İstenirse bifteği bir arada tutmak için tekrar bağlayın.

2. Hollandalı bir fırında yağı orta-yüksek ateşte ısıtın. Kızgın yağda etlerin her tarafı kızartılır. Yağı boşaltın. Hollanda fırınındaki suyu bifteğin etrafına dökün. 1 buçuk saat kadar ağzı açık pişirin. Kızarmış domuz etinin çevresine soğan ve rezeneyi dizin. Kapağını kapatıp 30 dakika daha pişirin.

3. Bu arada Brüksel lahanalarını kesin ve solmuş dış yaprakları çıkarın. Brüksel lahanalarını ikiye bölün. Brüksel lahanalarını Hollanda fırınına ekleyin ve diğer sebzelerin üzerine yerleştirin. Kapağını kapatıp 30 ila 35 dakika daha veya sebzeler ve etler yumuşayana kadar pişirin. Eti servis tabağına alın ve üzerini folyo ile örtün. Dilimlemeden önce 15 dakika bekletin. Kaplamak için sebzeleri tava suları ile atın. Delikli bir kaşık kullanarak sebzeleri servis tabağına veya kaseye alın; sıcak tutmak için örtün.

4. Tavadaki sıvının yağını almak için büyük bir kaşık kullanın. Tava suyunun geri kalanını bir elekten geçirin. Domuzu kesin, kemiği çıkarın. Eti sebze ve tava sularıyla birlikte servis edin.

YAVAŞ FIRINDA DOMUZ ETI BONFILE

EĞITIM:20 dakika Yavaş Pişirme: 8 ila 10 saat (düşük) veya 4 ila
5 saat (yüksek) Hazırlanır: 8 porsiyon

KIMYON, KIŞNIŞ, KEKIK, DOMATES, BADEM, KURU ÜZÜM,
BIBER VE ÇIKOLATA ILE,BU ZENGIN VE BAHARATLI SOSUN
PEK ÇOK FAYDASI VAR - HEM DE ÇOK IYI BIR ŞEKILDE. GÜNE
ÇIKMADAN ÖNCE SABAHA BAŞLAMAK IÇIN IDEAL BIR
YEMEKTIR. EVE VARDIĞINIZDA AKŞAM YEMEĞI NEREDEYSE
HAZIRDIR VE EVINIZ HARIKA KOKAR.

- 1 3 kg kemiksiz domuz omuz bifteği
- 1 su bardağı iri doğranmış soğan
- 3 diş sarımsak, dilimlenmiş
- 1½ bardak sığır eti kemik suyu (bkz.yemek tarifi), tavuk
  kemiği çorbası (bkz.yemek tarifi) veya tuzsuz sığır eti
  veya tavuk çorbası
- 1 yemek kaşığı öğütülmüş kimyon
- 1 yemek kaşığı öğütülmüş kişniş
- 2 çay kaşığı kurutulmuş kekik, ezilmiş
- 1 15 onsluk tuzsuz domates, doğranmış, süzülmüş
- 1 6 onsluk kutu tuzsuz domates salçası
- ½ fincan kıyılmış badem, kızartılmış (bkz.İpuçları)
- ¼ bardak kükürtsüz kuru üzüm veya altın kuş üzümü
- 2 ons şekersiz çikolata (Scharffen Berger %99 Kakaolu Bar
  gibi), iri kıyılmış
- 1 bütün kurutulmuş ancho veya chipotle biberi
- 2 adet 4 inç tarçın çubuğu
- ¼ fincan taze doğranmış kişniş

1 avokado, soyulmuş, çekirdeği çıkarılmış ve ince
    dilimlenmiş

1 limon, dilimlenmiş

⅓ bardak kavrulmuş tuzsuz yeşil kabak çekirdeği (isteğe
    bağlı) (bkz.İpuçları)

1. Domuz rostosundaki yağı kesin. Gerekirse eti 5 ila 6
   litrelik yavaş tencereye sığacak şekilde kesin; yan tarafa
   koyun.

2. Soğanı ve sarımsağı yavaş pişiricide birleştirin. 2
   fincanlık bir cam ölçüm kabında sığır eti kemik suyunu,
   kimyonu, kişnişi ve kekiği birleştirin; tencereye dökün.
   Doğranmış domatesleri, domates püresini, bademleri,
   kuru üzümleri, çikolatayı, kurutulmuş biberi ve tarçın
   çubuklarını karıştırın. Eti tencereye koyun. Üzerine bir
   kaşık dolusu domates karışımından dökün. Kapağı
   kapatın ve düşük sıcaklıkta 8 ila 10 saat veya yüksek
   sıcaklıkta 4 ila 5 saat veya domuz eti yumuşayana kadar
   pişirin.

3. Domuzu bir kesme tahtasına aktarın; biraz serinliyor. İki
   çatal kullanın ve eti parçalara ayırın. Eti folyo ile örtün
   ve bir kenara koyun.

4. Kurutulmuş biber ve tarçın çubuklarını çıkarıp atın.
   Büyük bir kaşık kullanın ve domates karışımındaki yağı
   alın. Domates karışımını bir blender veya mutfak
   robotuna dökün. Örtün ve neredeyse pürüzsüz olana
   kadar karıştırın veya işleyin. Çekilmiş domuz eti ve sosu
   yavaş tencereye yerleştirin. Servis yapmaya hazır olana
   kadar, 2 saate kadar, kısık ateşte sıcak tutun.

5. Servis yapmadan hemen önce kişniş ekleyin. Köstebeği kaselerde servis edin ve avokado dilimleri, limon dilimleri ve muhtemelen kabak çekirdeği ile süsleyin.

KIMYONLA TATLANDIRILMIŞ DOMUZ ETI VE KABAK GÜVECI

EĞITIM:30 dakika pişirme süresi: 1 saat Yapılışı: 4 porsiyon

BIBER VE KABAK ILE HARDAL YEŞILLIKLERIDOĞU AVRUPA
LEZZETLERINDEN OLUŞAN BU BAHARATLI GÜVECE, CANLI
RENKLER VE BOL MIKTARDA VITAMININ YANI SIRA LIF VE
FOLIK ASIT DE KATIYOR.

1 ¼ ila 1½ pound domuz omuz bifteği

1 yemek kaşığı kırmızı biber

1 yemek kaşığı kimyon tohumu, ince öğütülmüş

2 çay kaşığı kuru hardal

¼ çay kaşığı acı biber

2 yemek kaşığı rafine hindistan cevizi yağı

8 gram taze mantar, ince dilimlenmiş

2 sap kereviz, çapraz olarak 1 inçlik dilimler halinde
kesilmiş

1 küçük kırmızı soğan, ince dilimlenmiş

6 diş sarımsak, kıyılmış

5 su bardağı tavuk kemik suyu (bkz.<u>yemek tarifi</u>) veya
tuzsuz tavuk suyu

2 su bardağı doğranmış balkabağı, soyulmuş

3 su bardağı iri kıyılmış hardal yeşillikleri veya lahana

2 yemek kaşığı doğranmış taze adaçayı

¼ bardak taze limon suyu

1. Domuzun yağını kesin. Domuzu 1½ inçlik küpler halinde
kesin; Büyük bir kaseye koyun. Kırmızı biber, kimyon,
kuru hardal ve acı biberi küçük bir kasede birleştirin.

Domuz etinin üzerine serpin, eşit şekilde kaplanacak şekilde karıştırın.

2. Hindistan cevizi yağını 4 ila 5 litrelik Hollanda fırınında orta ateşte ısıtın. Etin yarısını ekleyin; ara sıra karıştırarak kahverengi olana kadar pişirin. Eti tavadan çıkarın. Etin geri kalanıyla aynı işlemi tekrarlayın. Eti bir kenara koyun.

3. Mantarları, kerevizi, kırmızı soğanı ve sarımsağı Hollanda fırınına ekleyin. Ara sıra karıştırarak 5 dakika pişirin. Eti Hollanda fırınına geri koyun. Tavuk kemik suyunu dikkatlice ekleyin. Kaynamak; ısıyı azaltın. Kapağını kapatıp 45 dakika pişirin. Kabağı karıştırın. Kapağını kapatıp 10 ila 15 dakika daha veya domuz eti ve kabak yumuşayana kadar pişirin. Hardal yeşilliklerini ve adaçayı karıştırın. 2-3 dakika veya sebzeler yumuşayana kadar pişirin. Limon suyunu karıştırın.

BRENDI SOSLU MEYVE DOLGULU ÜST BIFTEK

EĞITIM:30 dakika Kavurma: 10 dakika Kavurma: 1 saat 15 dakika Beklemede: 15 dakika Yapım: 8 ila 10 porsiyon

BU ZARIF BIFTEK,ÖZEL BIR GÜN VEYA AILE TOPLANTISI - ÖZELLIKLE SONBAHARDA. ELMA, HINDISTAN CEVIZI, KURUTULMUŞ MEYVE VE CEVIZDEN OLUŞAN TATLARI O SEZONUN ÖZÜNÜ YAKALIYOR. TATLI PATATES PÜRESI, KIZILCIK SALATASI VE KAVRULMUŞ PANCARLA SERVIS YAPIN (BKZ.YEMEK TARIFI).

BIFTEK

- 1 yemek kaşığı zeytinyağı
- 2 su bardağı doğranmış, soyulmuş Granny Smith elması (yaklaşık 2 orta boy)
- 1 arpacık soğanı, ince doğranmış
- 1 yemek kaşığı taze doğranmış kekik
- ¾ çay kaşığı taze çekilmiş karabiber
- ⅛ çay kaşığı öğütülmüş hindistan cevizi
- ½ su bardağı kıyılmış kükürtsüz kuru kayısı
- ¼ bardak kıyılmış ceviz, kızartılmış (bkz.İpuçları)
- 1 su bardağı tavuk kemik suyu (bkz.yemek tarifi) veya tuzsuz tavuk suyu
- 1 3 kilo kemiksiz domuz rostosu (tek parça)

BRENDI SOSU

- 2 yemek kaşığı elma şarabı
- 2 yemek kaşığı brendi
- 1 çay kaşığı Dijon tarzı hardal (bkz.yemek tarifi)
- Taze çekilmiş karabiber

1. İç harcı için büyük bir tavada zeytinyağını orta ateşte ısıtın. Elma, arpacık soğanı, kekik, ¼ çay kaşığı biber ve hindistan cevizini ekleyin; 2 ila 4 dakika veya elmalar ve arpacık soğanları yumuşayana ve hafifçe kızarıncaya kadar ara sıra karıştırarak pişirin. Kayısı, ceviz ve 1 yemek kaşığı et suyunu karıştırın. Kayısıların yumuşaması için 1 dakika kadar ağzı açık pişirin. Isıdan çıkarın ve bir kenara koyun.

2. Fırını 325°F'ye önceden ısıtın. Bifteğin ortasını uzunlamasına keserek, diğer tarafın ½ inç yakınına kadar keserek domuz etini genişletin. Bifteği açın. Bıçağı, yatay yüzü V'nin bir tarafına gelecek şekilde V kesimine yerleştirin ve yan tarafın ½ inç yakınında kesin. V'nin diğer tarafında da aynı işlemi tekrarlayın. Bifteği açın ve plastik ambalajla örtün. Ortadan kenarlara doğru çalışarak bifteği yaklaşık ¾ inç kalınlığa gelinceye kadar bir et tokmağıyla dövün. Plastik ambalajı çıkarın ve atın. Doldurmayı bifteğin üst kısmına yayın. Kısa taraftan başlayın ve bifteği spiral şeklinde yuvarlayın. Bifteği bir arada tutmak için birkaç yerinden %100 pamuk mutfak ipiyle bağlayın. Kalan ½ çay kaşığı biberi bifteğe serpin.

3. Bifteği küçük bir tavadaki rafa yerleştirin. Fırın termometresini kızartmanın ortasına yerleştirin (doldurmanın içine değil). 1 saat 15 dakika ile 1 saat 30 dakika arasında veya termometre 145°F'yi gösterene kadar üstü açık pişirin. Bifteği çıkarın ve folyoyla gevşek bir şekilde örtün; dilimlemeden önce 15 dakika bekletin.

4. Bu arada, brendi sosu için kalan suyu ve elma şarabını tavaya çırpın, kızaran parçaları kazımak için karıştırın. Damlayanları orta boy bir tencereye süzün. Kaynamak; yaklaşık 4 dakika veya sos üçte bir oranında azalıncaya kadar pişirin. Brendi ve Dijon tarzı hardalı karıştırın. Ekstra biberle tatlandırın. Sosu kızarmış domuz eti ile servis edin.

PORCHETTA USULÜ KIZARMIŞ DOMUZ ETI

EĞITIM:15 dakika Marine etme: Gece boyunca: 40 dakika
Pişirme: 1 saat Yapılışı: 6 porsiyon

GELENEKSEL İTALYAN PORCHETTA(AMERIKAN
İNGILIZCESINDE BAZEN PIGETTA OLARAK YAZILIR)
SARIMSAK, REZENE, BIBER VE ADAÇAYI VEYA BIBERIYE GIBI
OTLARLA DOLDURULMUŞ, DAHA SONRA TÜKÜRÜLÜP ODUN
ÜZERINDE KIZARTILMIŞ KEMIKSIZ, EMZIREN BIR DOMUZDUR.
AYRICA GENELLIKLE ÇOK TUZLUDUR. BU PALEO VERSIYONU
BASITLEŞTIRILMIŞ VE ÇOK LEZZETLIDIR. İSTENIRSE ADAÇAYI
TAZE BIBERIYE ILE DEĞIŞTIRIN VEYA IKI BITKININ BIR
KARIŞIMINI KULLANIN.

1 2 ila 3 kilo kemiksiz domuz rostosu

2 yemek kaşığı rezene tohumu

1 çay kaşığı karabiber

½ çay kaşığı toz kırmızı biber

6 diş sarımsak, kıyılmış

1 yemek kaşığı ince kıyılmış portakal kabuğu

1 yemek kaşığı doğranmış taze adaçayı

3 yemek kaşığı zeytinyağı

½ bardak sek beyaz şarap

½ bardak tavuk kemik suyu (bkz.<u>yemek tarifi</u>) veya tuzsuz
  tavuk suyu

1. Kızartılmış domuz etini buzdolabından çıkarın; 30 dakika
   oda sıcaklığında bekletin. Bu arada, küçük bir tavada
   rezene tohumlarını orta ateşte sık sık karıştırarak
   yaklaşık 3 dakika kavurun. 3 dakika veya koyulaşana ve
   hoş kokulu olana kadar; serin Bir baharat öğütücüye

veya temiz bir kahve değirmenine aktarın. Karabiber ve ezilmiş kırmızı biberi ekleyin. Orta ince kıvamda öğütün. (Toz haline getirmeyin.)

2. Fırını 325°F'ye önceden ısıtın. Küçük bir kapta öğütülmüş baharatları, sarımsağı, portakal kabuğunu, adaçayı ve zeytinyağını birleştirerek macun haline getirin. Kızarmış domuz etini küçük bir tavada ızgaraya yerleştirin. Karışımı domuzun her yerine sürün. (İsterseniz terbiyeli domuz etini 9 × 13 × 2 inçlik bir cam pişirme kabına yerleştirin. Üzerini streç filmle örtün ve marine etmek için gece boyunca buzdolabında bekletin. Eti kızartmadan önce bir tavaya aktarın ve kızartmadan önce oda sıcaklığında 30 dakika bekletin. ...)

3. Domuz etini 1 ila 1½ saat boyunca veya kızartma kayıtlarının ortasına bir termometre 145°F yerleştirilene kadar kızartın. Bifteği bir kesme tahtasına aktarın ve folyoyla hafifçe örtün. Dilimlemeden önce 10 ila 15 dakika bekletin.

4. Bu arada tava suyunu bir cam ölçüm kabına dökün. Yağları üstten sıyırın; yan tarafa koyun. Tencereyi ocaktaki ocağa koyun. Şarap ve tavuk kemik suyunu tavaya dökün. Orta-yüksek ateşte, kızartılmış parçaları kazımak için karıştırarak kaynatın. Yaklaşık 4 dakika veya karışım biraz azalıncaya kadar pişirin. Ayrılmış tava sularını karıştırın; Gerginlikler. Domuz eti dilimleyin ve sosla birlikte servis yapın.

DOMATESLE MARINE EDILMIŞ DOMUZ ETI BONFILE

EĞITIM:40 dakika Kızartma: 10 dakika Kızartma: 20 dakika Kızartma: 40 dakika Beklemede: 10 dakika Yapım: 6 ila 8 porsiyon

TOMATILLOLARIN YAPISKAN, PULLU BIR CILDI VARKAGIT GIBI KABUKLARININ ALTINDA. KABUGU ÇIKARDIKTAN SONRA AKAN SU ALTINDA HIZLICA DURULAYIN VE KULLANIMA HAZIR HALE GETIRIN.

- 1 kilo domates, soyulmuş, saplı ve krepli
- 4 serrano biberi, sapları çıkarılmış, çekirdekleri çıkarılmış ve ikiye bölünmüş (bkz.İpuçları)
- 2 jalapeno, sapları çıkarılmış, çekirdekleri çıkarılmış ve ikiye bölünmüş (bkz.İpuçları)
- 1 büyük sarı dolmalık biber, astarlı, çekirdekleri çıkarılmış ve yarıya bölünmüş
- 1 büyük turuncu dolmalık biber, kesilmiş, çekirdekleri çıkarılmış ve yarıya bölünmüş
- 2 yemek kaşığı zeytinyağı
- 1 2 ila 2½ kiloluk kemiksiz domuz filetosu
- 1 büyük sarı soğan, soyulmuş, yarıya bölünmüş ve ince dilimlenmiş
- 4 diş sarımsak, kıyılmış
- ¾ bardak su
- ¼ bardak taze limon suyu
- ¼ fincan taze doğranmış kişniş

1. Izgarayı yüksek sıcaklığa kadar önceden ısıtın. Bir fırın tepsisini folyo ile hizalayın. Hazırlanan fırın tepsisine tomatillos, serrano biberleri, jalapeños ve tatlı biberleri yerleştirin. Sebzeleri iyice kömürleşene kadar ateşten 4

inç uzakta kızartın, domatesleri ara sıra çevirin ve sebzeleri yakl. 10 ila 15 dakika. Serranoları, jalapeñoları ve tomatilloları bir kaseye yerleştirin. Kırmızı biberi bir tabağa koyun. Sebzeleri soğuması için bir kenara koyun.

2. Yağı büyük bir tavada orta-yüksek ateşte parıldayana kadar ısıtın. Kızarmış domuz etini temiz kağıt havluyla kurulayın ve tavaya yerleştirin. Her tarafı iyice kızarana kadar kızartın, bifteği eşit şekilde kahverengiye çevirin. Biftekleri bir tabağa aktarın. Sıcaklığı orta dereceye düşürün. Tavaya soğan ekleyin; 5 ila 6 dakika veya altın rengi olana kadar pişirin ve karıştırın. Sarımsakları ekleyin; 1 dakika daha pişirin. Tencereyi ocaktan alın.

3. Fırını 350°F'ye önceden ısıtın. Tomatillo sosu için tomatilloları, serranoları ve jalapenoları bir mutfak robotunda veya blenderde birleştirin. Örtün ve pürüzsüz hale gelinceye kadar karıştırın veya işleyin; soğanı tavaya ekleyin. Tencereyi ateşe koyun. Kaynamak; 4 ila 5 dakika veya karışım koyu ve kalın oluncaya kadar pişirin. Su, limon suyu ve kişnişi karıştırın.

4. Küçük bir tavaya veya 3 litrelik dikdörtgen tavaya tomatillo sosunu yayın. Kızarmış domuz etini sosun içine koyun. Folyo ile sıkıca kapatın. 40 ila 45 dakika kadar veya bifteğin ortasına yerleştirilen anında okunan termometre 140°F okuyana kadar kızartın.

5. Kırmızı biberi şeritler halinde kesin. Tomatillo sosunu tavaya karıştırın. Folyolu hafif çadır; 10 dakika bekletin. Dilimlenmiş et; sosu karıştırın. Domuz eti dilimlerini cömertçe tomatillo sosuyla kaplayarak servis edin.

KAYISI ILE DOLDURULMUŞ DOMUZ ETI BONFILE

EĞITIM:20 dakika pişirme: 45 dakika bekleme: 5 dakika yapım:
2 ila 3 porsiyon

2 adet orta boy taze kayısı, iri doğranmış

2 yemek kaşığı kükürtsüz kuru üzüm

2 yemek kaşığı kıyılmış ceviz

2 çay kaşığı taze rendelenmiş zencefil

¼ çay kaşığı öğütülmüş kakule

1 12 onsluk domuz bonfile

1 yemek kaşığı zeytinyağı

1 yemek kaşığı Dijon usulü hardal (bkz.<u>yemek tarifi</u>)

¼ çay kaşığı karabiber

1. Fırını 375°F'ye önceden ısıtın. Bir fırın tepsisini folyoyla
   kaplayın; ızgarayı fırın tepsisine yerleştirin.

2. Kayısı, kuru üzüm, ceviz, zencefil ve kakuleyi küçük bir
   kasede karıştırın.

3. Domuzun ortasını uzunlamasına kesin ve diğer taraftan
   ½ inç kadar kesin. Kelebek aç. Domuzu iki kat plastik
   ambalajın arasına yerleştirin. Et tokmağının düz tarafını
   kullanarak eti yaklaşık 1,5 cm kalınlığa gelinceye kadar
   hafifçe dövün. Eşit bir dikdörtgen oluşturmak için arka
   ucu katlayın. Eşit bir kalınlık elde etmek için eti
   dikkatlice dökün.

4. Kayısı karışımını domuz etinin üzerine yayın. Dar uçtan
   başlayarak domuz etini yuvarlayın. %100 pamuk
   mutfak ipiyle önce ortasından sonra 1 inç aralıklarla
   bağlayın. Biftekleri ızgaraya yerleştirin.

5. Zeytinyağı ve Dijon hardalını karıştırın; bifteği yağlayın.
   Bifteği biberle serpin. 45 ila 55 dakika boyunca veya
   biftek kayıtlarının ortasına anında okunan bir
   termometre 140°F yerleştirilinceye kadar kızartın.
   Dilimlemeden önce 5 ila 10 dakika bekletin.

ÇITIR SARIMSAK YAĞI ILE OTLARLA KAPLI DOMUZ BONFILE

EĞITIM:15 dakika kızartma: 30 dakika kavurma: 8 dakika
ayakta: 5 dakika yapım: 6 porsiyon

⅓ bardak Dijon tarzı hardal (bkz.<u>yemek tarifi</u>)

¼ bardak doğranmış taze maydanoz

2 yemek kaşığı taze doğranmış kekik

1 yemek kaşığı taze doğranmış biberiye

½ çay kaşığı karabiber

2 12 onsluk domuz bonfile

½ su bardağı zeytinyağı

¼ bardak taze kıyılmış sarımsak

¼ ila 1 çay kaşığı öğütülmüş kırmızı biber

1. Fırını 450°F'ye önceden ısıtın. Bir fırın tepsisini folyoyla
   kaplayın; ızgarayı fırın tepsisine yerleştirin.

2. Küçük bir kapta hardalı, maydanozu, kekiği, biberiyeyi ve
   karabiberi karıştırarak macun kıvamına getirin. Hardal
   otu karışımını domuz etinin üstüne ve yanlarına yayın.
   Domuzu ızgaraya aktarın. Biftekleri fırına yerleştirin;
   Sıcaklığı 375°F'ye düşürün. 30 ila 35 dakika boyunca
   veya biftek kayıtlarının ortasına anında okunan bir
   termometre 140°F yerleştirilinceye kadar kızartın.
   Dilimlemeden önce 5 ila 10 dakika bekletin.

3. Bu arada sarımsak yağı için zeytinyağını ve sarımsağı
   küçük bir tencerede birleştirin. Orta-düşük ateşte 8 ila
   10 dakika veya sarımsak altın rengine gelip cızırdamaya
   başlayana kadar pişirin (sarımsakların yanmasına izin
   vermeyin). Ateşten alın; ezilmiş kırmızı biberle

karıştırın. domuz dilimi; Servis yapmadan önce dilimlerin üzerine sarımsak yağı sürün.

HINDISTAN CEVIZI SOSLU HINT BAHARATLI DOMUZ ETI

BAŞTAN SONA:20 dakikada: 2 porsiyon

3 çay kaşığı köri tozu

2 çay kaşığı tuzsuz garam masala

1 çay kaşığı öğütülmüş kimyon

1 çay kaşığı öğütülmüş kişniş

1 12 onsluk domuz bonfile

1 yemek kaşığı zeytinyağı

½ bardak doğal hindistan cevizi sütü (Nature's Way
    markası gibi)

¼ fincan taze doğranmış kişniş

2 yemek kaşığı doğranmış taze nane

1. 2 çay kaşığı köri tozu, garam masala, kimyon ve kişnişi
    küçük bir kasede karıştırın. Domuzu ½ inç kalınlığında
    dilimler halinde dilimleyin; baharat serpin. .

2. Büyük bir tavada zeytinyağını orta ateşte ısıtın. Domuz
    dilimlerini tavaya yerleştirin; Bir kez çevirerek 7 dakika
    pişirin. Domuzu tavadan çıkarın; sıcak tutmak için
    örtün. Sos için Hindistan cevizi sütünü ve kalan 1 çay
    kaşığı köri tozunu tavaya ekleyin ve parçaları sıyırmak
    için karıştırın. 2 ila 3 dakika pişirin. Kişniş ve naneyi
    karıştırın. Domuz eti ekleyin; Sıcak olana kadar pişirin,
    sosu domuz etinin üzerine dökün.

BAHARATLI ELMA VE KESTANE ILE DOMUZ ETI SCALOPPINI

EĞITIM:20 dakika pişirme süresi: 15 dakika: 4 porsiyon

2 12 onsluk domuz bonfile

1 yemek kaşığı soğan tozu

1 yemek kaşığı sarımsak tozu

½ çay kaşığı karabiber

2 ila 4 yemek kaşığı zeytinyağı

2 Fuji veya Pink Lady elması, soyulmuş, çekirdekleri
çıkarılmış ve kabaca doğranmış

¼ bardak ince kıyılmış arpacık soğanı

¾ çay kaşığı öğütülmüş tarçın

⅛ çay kaşığı öğütülmüş karanfil

⅛ çay kaşığı öğütülmüş hindistan cevizi

½ bardak tavuk kemik suyu (bkz.<u>yemek tarifi</u>) veya tuzsuz
tavuk suyu

2 yemek kaşığı taze limon suyu

½ bardak kavrulmuş kabuklu kestane, doğranmış* veya
doğranmış cevizler

1 yemek kaşığı doğranmış taze adaçayı

1. Bonfileyi yarım santim kalınlığında dilimler halinde
kesin. Domuz dilimlerini iki plastik tabaka arasına
yerleştirin. Et tokmağının düz tarafını kullanarak, ince
olana kadar dövün. Dilimlerin üzerine soğan tozu,
sarımsak tozu ve karabiber serpin.

2. Büyük bir tavada 2 yemek kaşığı zeytinyağını orta ateşte
ısıtın. Domuz etini gruplar halinde 3 ila 4 dakika
kızartın, bir kez çevirin ve gerekirse yağ ekleyin.
Domuzu bir tabağa aktarın; örtün ve sıcak tutun.

3. Isıyı orta yüksekliğe yükseltin. Elma, arpacık soğanı, tarçın, karanfil ve hindistan cevizini ekleyin. 3 dakika pişirin ve karıştırın. Tavuk kemik suyunu ve limon suyunu ekleyip karıştırın. Kapağını kapatıp 5 dakika pişirin. Ateşten alın; kestane ve adaçayı karıştırın. Elma karışımını domuz etinin üzerine servis edin.

*Not: Kestaneleri kızartmak için fırını önceden 400°F'ye ısıtın. Kestane kabuğunun bir tarafına X işareti kesin. Bu, pişerken cildin gevşemesine izin verecektir. Kestaneleri bir tepsiye yerleştirin ve 30 dakika kadar veya cevizin kabuğu çıkana ve fındıklar yumuşayana kadar kavurun. Kavrulmuş kestaneleri temiz bir mutfak havlusuna sarın. Sarı-beyaz cevizin kabuğunu ve kabuğunu temizleyin.

KIZARMIŞ DOMUZ FAJITA

1 kiloluk domuz bonfile, 2 inçlik şeritler halinde kesilmiş

3 yemek kaşığı tuzsuz fajita baharatı veya Meksika baharatı (bkz.yemek tarifi)

2 yemek kaşığı zeytinyağı

1 küçük soğan, ince dilimlenmiş

½ tatlı kırmızı biber, çekirdeği çıkarılmış ve ince dilimlenmiş

½ turuncu dolmalık biber, çekirdekleri çıkarılmış ve ince dilimlenmiş

1 jalapeño, sapları alınmış ve ince dilimlenmiş (bkz.İpuçları) (isteğe bağlı)

½ çay kaşığı kimyon tohumu

1 su bardağı ince dilimlenmiş taze mantar

3 yemek kaşığı taze limon suyu

½ bardak doğranmış taze kişniş

1 avokado, çekirdeksiz, soyulmuş ve doğranmış

İstenilen salsa (bkz.reçete)

1. Domuz etine 2 yemek kaşığı fajita baharatı serpin. Çok büyük bir tavada 1 yemek kaşığı yağı orta-yüksek ateşte ısıtın. Domuz etinin yarısını ekleyin; yaklaşık 5 dakika veya artık pembeleşmeyene kadar pişirin ve karıştırın. Eti bir kaseye aktarın ve sıcak tutmak için üzerini örtün. Kalan yağ ve domuz eti ile tekrarlayın.

2. Isıyı orta seviyeye getirin. Kalan 1 çorba kaşığı fajita baharatını, soğanı, dolmalık biberi, jalapeño'yu ve kimyonu ekleyin. Yaklaşık 10 dakika veya sebzeler yumuşayana kadar pişirin ve karıştırın. Tüm etleri ve

toplanan meyve sularını tavaya koyun. Mantarları ve limon suyunu karıştırın. Tamamen ısıtılıncaya kadar pişirin. Tavayı ocaktan alın; kişnişi karıştırın. Avokado ve arzu edilen salsa ile servis yapın.

PORTO ŞARABI VE KURU ERIK ILE DOMUZ FILETOSU

EĞITIM:10 dakika kızartma: 12 dakika bekleme: 5 dakika yapım: 4 porsiyon

PORTO ŞARABI MÜSTAHKEM BIR ŞARAPTIR,YANI FERMANTASYON SÜRECINI DURDURMAK IÇIN BRENDI BENZERI BIR RUHUN EKLENDIĞI ANLAMINA GELIR. BU, SOFRALIK KIRMIZI ŞARAPTAN DAHA FAZLA ŞEKER KALINTISI BULUNDUĞU VE DOLAYISIYLA TADI DAHA TATLI OLDUĞU ANLAMINA GELIR. HER GÜN IÇMEK ISTEYECEĞINIZ BIR ŞEY DEĞIL AMA ARA SIRA YEMEK PIŞIRIRKEN BIRAZ IÇMEK SORUN DEĞIL.

- 2 12 onsluk domuz bonfile
- 2½ çay kaşığı öğütülmüş kişniş
- ¼ çay kaşığı karabiber
- 2 yemek kaşığı zeytinyağı
- 1 arpacık soğanı, dilimlenmiş
- ½ fincan porto şarabı
- ½ bardak tavuk kemik suyu (bkz.<u>yemek tarifi</u>) veya tuzsuz tavuk suyu
- 20 çekirdeksiz kuru erik (kuru erik)
- ½ çay kaşığı toz kırmızı biber
- 2 çay kaşığı taze doğranmış tarhun

1. Fırını 400°F'ye önceden ısıtın. Domuz eti üzerine 2 çay kaşığı kişniş ve karabiber serpin.

2. Isıya dayanıklı büyük bir tavada zeytinyağını orta-yüksek ateşte ısıtın. Bonfileyi tavaya yerleştirin. Her tarafı kahverengi olana ve eşit hale gelene kadar yaklaşık 8

dakika kızartın. Tavayı fırına yerleştirin. Yaklaşık olarak üstü açık pişirin. 12 dakika veya bifteğin ortasına yerleştirilen bir termometre 140°F'yi kaydedene kadar. Bonfileyi bir kesme tahtasına aktarın. Alüminyum folyo ile gevşek bir şekilde örtün ve 5 dakika bekletin.

3. Bu arada sos için tavadaki yağı boşaltın ve 1 yemek kaşığı ayırın. Escalop'u ayrılmış damlamalarda bir tavada orta ateşte yaklaşık 3 dakika veya kızarana ve yumuşayana kadar pişirin. Port şarabını tavaya ekleyin. Kızarmış parçaları kazımak için karıştırarak kaynatın. Tavuk kemiği suyunu, kuru erikleri, ezilmiş kırmızı biberi ve kalan ½ çay kaşığı kişnişi ekleyin. Yaklaşık 1 ila 2 dakika kadar hafifçe azaltmak için orta-yüksek ateşte pişirin. Tarhunu karıştırın.

4. Domuzu kesin ve kuru erik ve sosla servis yapın.

HIZLI TURŞU SEBZELI SALATA KASESINDE MOO SHU TARZI DOMUZ ETI

BAŞTAN SONA:45 dakikada: 4 porsiyon

GELENEKSEL MOO SHU YERSENIZBIR ÇIN RESTORANINDA, BUNUN TATLI ERIK VEYA KURU ÜZÜM SOSUYLA INCE KREPLER HALINDE YENEN ET VE SEBZELERDEN OLUŞAN LEZZETLI BIR DOLGU OLDUĞUNU BILIYORSUNUZ. BU DAHA HAFIF, DAHA TAZE PALEO VERSIYONUNDA ZENCEFIL VE SARIMSAKLA SOTELENMIŞ DOMUZ ETI, ÇIN LAHANASI VE SHIITAKE MANTARLARI BULUNUR VE ÇITIR SALAMURA SEBZELERLE MARUL SOSUNDA SERVIS EDILIR.

TURŞULUK SEBZELER
1 su bardağı jülyen doğranmış havuç
1 bardak jülyen doğranmış daikon turpu
¼ bardak doğranmış kırmızı soğan
1 su bardağı şekersiz elma suyu
½ bardak elma sirkesi

DOMUZ
2 yemek kaşığı zeytinyağı veya rafine hindistan cevizi yağı
3 yumurta, hafifçe çırpılmış
8 ons domuz bonfile, 2 × ½ inçlik şeritler halinde kesilmiş
2 çay kaşığı taze kıyılmış zencefil
4 diş sarımsak, kıyılmış
2 su bardağı ince dilimlenmiş napa lahana
1 su bardağı ince dilimlenmiş shiitake mantarı
¼ fincan çay ince dilimlenmiş

8 Boston marul yaprağı

1. Hızlı turşu için havuç, daikon ve soğanı geniş bir kapta
   birleştirin. Salamura için elma suyunu ve sirkeyi bir
   tencerede buhar yükselene kadar ısıtın. Salamurayı
   kasedeki sebzelerin üzerine dökün; Servis edilene
   kadar örtün ve buz dolabında saklayın.

2. Büyük bir tavada 1 yemek kaşığı yağı orta-yüksek ateşte
   ısıtın. Yumurtaları çırpma teli ile hafifçe çırpın.
   Yumurtaları tavaya ekleyin; taban sertleşene kadar
   yaklaşık 3 dakika karıştırmadan pişirin. Esnek bir
   spatula kullanarak yumurtayı dikkatlice çevirin ve diğer
   tarafını pişirin. Yumurtayı tavadan alıp bir tabağa alın.

3. Tencereyi ateşe verin; kalan 1 yemek kaşığı yağı ekleyin.
   Domuz eti şeritlerini, zencefili ve sarımsağı ekleyin.
   Orta-yüksek ateşte yaklaşık 4 dakika veya domuz eti
   artık pembe olmayıncaya kadar pişirin ve karıştırın.
   Lahana ve mantarları ekleyin; yaklaşık 4 dakika kadar
   veya lahana soluncaya, mantarlar yumuşayana ve
   domuz eti tamamen pişene kadar pişirin ve karıştırın.
   Tencereyi ocaktan alın. Haşlanmış yumurtayı şeritler
   halinde kesin. Yumurta şeritlerini ve yeşil çayı
   dikkatlice domuz eti karışımına karıştırın. Salata
   yapraklarıyla servis yapın ve üzerine salamura sebzeler
   ekleyin.

MACADAMIAS, ADAÇAYI, INCIR VE TATLI PATATES PÜRESI ILE DOMUZ PIRZOLASI

EĞITIM:15 dakika pişirme: 25 dakika: 4 porsiyon

TATLI PATATES PÜRESIYLE ILIŞKILI,BU SULU ADAÇAYI UÇLU PIRZOLALAR MÜKEMMEL BIR SONBAHAR YEMEĞIDIR VE ÇABUK BIR ARAYA GELEREK ONU YOĞUN BIR HAFTA IÇI GECESI IÇIN MÜKEMMEL KILAR.

4 kemiksiz domuz pirzolası, 1¼ inç kalınlığında kesilmiş

3 yemek kaşığı doğranmış taze adaçayı

¼ çay kaşığı karabiber

3 yemek kaşığı macadamia fındık yağı

2 kg tatlı patates, soyulmuş ve 1 inçlik parçalar halinde kesilmiş

¾ bardak kıyılmış macadamia fıstığı

½ su bardağı doğranmış kuru incir

⅓ su bardağı dana kemik suyu (bkz.<u>yemek tarifi</u>) veya tuzsuz et suyu

1 yemek kaşığı taze limon suyu

1. Domuz pirzolalarının her iki tarafına da 2 yemek kaşığı adaçayı ve karabiber serpin; parmaklarınızla ovalayın. Büyük bir tavada 2 yemek kaşığı yağı orta ateşte ısıtın. Köfteleri tavaya yerleştirin; 15 ila 20 dakika veya pişene kadar (145°F) pişirin, pişirme işleminin yarısında bir kez çevirin. Pirzolaları bir tabağa aktarın; sıcak tutmak için örtün.

2. Bu arada büyük bir tencerede tatlı patatesleri ve üzerini kaplayacak kadar suyu birleştirin. Kaynamak; ısıyı

azaltın. Kapağını kapatıp 10 ila 15 dakika veya patatesler yumuşayana kadar pişirin. Patatesleri boşaltın. Kalan yemek kaşığı macadamia yağını patateslere ekleyin ve krema kıvamına gelinceye kadar ezin; sıcak tutmak

3. Sos için tavaya macadamia fıstıklarını ekleyin; orta ateşte kızarana kadar pişirin. Kuru incir ve kalan 1 yemek kaşığı adaçayı ekleyin; 30 saniye pişirin. Tavaya sığır eti kemik suyu ve limon suyu ekleyin, kızaran parçaları kazımak için karıştırın. Sosu domuz pirzolalarının üzerine dökün ve tatlı patates püresiyle servis yapın.

KAVRULMUŞ ÜZÜM VE CEVIZ ILE BIBERIYE LAVANTA TAVADA KIZARTILMIŞ DOMUZ PIRZOLASI

EĞITIM:10 dakika kavurma: 6 dakika kavurma: 25 dakika ürün: 4 porsiyon

ÜZÜMLERI DOMUZ ETIYLE KAVURMAKLEZZETINI VE TATLILIĞINI YOĞUNLAŞTIRIR. ÇITIR ÇITIR KIZARMIŞ CEVIZ VE BIR TUTAM TAZE BIBERIYE ILE BIRLIKTE BU DOYURUCU PIRZOLALAR IÇIN HARIKA BIR MALZEME OLUŞTURUYORLAR.

2 yemek kaşığı taze doğranmış biberiye

1 yemek kaşığı doğranmış taze lavanta

½ çay kaşığı sarımsak tozu

½ çay kaşığı karabiber

4 domuz pirzolası, 1¼ inç kalınlığında kesilmiş (yaklaşık 3 pound)

1 yemek kaşığı zeytinyağı

1 büyük arpacık soğanı, ince dilimlenmiş

1½ su bardağı çekirdeksiz kırmızı ve/veya yeşil üzüm

½ bardak sek beyaz şarap

¾ su bardağı iri kıyılmış ceviz

Taze doğranmış biberiye

1. Fırını 375°F'ye önceden ısıtın. 2 yemek kaşığı biberiye, lavanta, sarımsak tozu ve biberi küçük bir kasede birleştirin. Bitki karışımını domuz pirzolalarına eşit şekilde sürün. Zeytinyağını çok büyük, fırına dayanıklı bir tavada orta ateşte ısıtın. Köfteleri tavaya yerleştirin; 6 ila 8 dakika veya her iki tarafı da kızarana kadar pişirin. Pirzolaları bir tabağa aktarın; folyo ile örtün.

2. Arpacık soğanlarını tavaya ekleyin. Orta ateşte 1 dakika kadar karıştırarak pişirin. Üzüm ve şarap ekleyin. Kızarmış parçaları kazımak için karıştırarak yaklaşık 2 dakika daha pişirin. Domuz pirzolalarını tavaya yerleştirin. Tavayı fırına koyun; 25 ila 30 dakika veya pirzolalar bitene kadar (145°F) pişirin.

3. Bu arada cevizleri sığ bir tavaya yayın. Köftelerle birlikte fırına eklenir. Yaklaşık 8 dakika veya altın rengi kahverengi olana kadar pişirin, eşit pişmesi için bir kez karıştırın.

4. Servis etmek için domuz pirzolalarını kızarmış üzüm ve cevizle süsleyin. Üzerine ekstra taze biberiye serpin.

IZGARA BROKOLI ILE FIORENTINA DOMUZ PIRZOLASI

EĞITIM:20 dakika ızgaralama: 20 dakika marine etme: 3 dakika ürün: 4 porsiyon<u>RESIM</u>

"ALLA FIORENTINA"TEMELDE "FLORANSA TARZINDA" ANLAMINA GELIR. BU TARIF, EN BASIT TATLARLA - GENELLIKLE SADECE ZEYTINYAĞI, TUZ, KARABIBER VE SONUNDA TAZE LIMON SIKILARAK - ODUN FIRININDA IZGARADA PIŞIRILEN BIR TOSKANA KEMIĞI OLAN BISTECCA ALLA FIORENTINA'DAN ESINLENEREK TASARLANMIŞTIR.

1 kilo brokoli püresi

1 yemek kaşığı zeytinyağı

4 6 ila 8 ons kemikli domuz pirzolası, 1½ ila 2 inç kalınlığında kesilmiş

İri öğütülmüş karabiber

1 limon

4 diş sarımsak, ince dilimlenmiş

2 yemek kaşığı taze doğranmış biberiye

6 adet taze adaçayı yaprağı, doğranmış

1 çay kaşığı öğütülmüş kırmızı biber gevreği (veya tadı)

½ su bardağı zeytinyağı

1. Büyük bir tencerede brokoliyi kaynar suda 1 dakika pişirin. Hemen bir kase buzlu suya aktarın. Soğuduktan sonra brokoliyi kağıt havluyla kaplı bir fırın tepsisine boşaltın ve ilave kağıt havluyla mümkün olduğunca kurulayın. Kağıt havluları fırın tepsisinden çıkarın. Brokoliyi 1 yemek kaşığı zeytinyağıyla karıştırın, kaplayın; ızgaraya kadar bir kenara koyun.

2. Şiş etin her iki tarafına da iri çekilmiş karabiber serpin; yan tarafa koyun. Bir sebze soyucu kullanarak limonun kabuklarını çıkarın (limonu başka bir kullanım için saklayın). Geniş bir servis tabağına limon kabuğu rendesi, dilimlenmiş sarımsak, biberiye, adaçayı ve ezilmiş kırmızı biber şeritlerini bastırın; yan tarafa koyun.

3. Kömürlü ızgara için, sıcak kömürlerin çoğunu ızgaranın bir tarafına taşıyın ve kömürlerin bir kısmını ızgaranın diğer tarafının altına bırakın. Pirzolaları doğrudan sıcak kömürlerin üzerinde 2 ila 3 dakika veya kahverengi bir kabuk oluşana kadar pişirin. Köfteleri çevirin ve diğer tarafını da 2 dakika daha pişirin. Pirzolaları ızgaranın diğer tarafına taşıyın. Kapağı kapatın ve 10 ila 15 dakika veya pişene kadar (145°F) ızgara yapın. (Gazlı ızgara için, ızgarayı önceden ısıtın; ızgaranın bir tarafındaki ısıyı orta dereceye düşürün. Pirzolaları yukarıda anlatıldığı gibi yüksek ateşte kızartın. Izgaranın orta sıcak tarafına geçin; yukarıda anlatıldığı gibi devam edin.)

4. Köfteleri tabağa aktarın. Pirzolaların her iki tarafını kaplayacak şekilde ½ bardak zeytinyağını gezdirin. Pirzolaları servis yapmadan önce 3 ila 5 dakika marine edin, bir veya iki kez çevirerek ete limon kabuğu rendesi, sarımsak ve şifalı otların aromasını katın.

5. Pirzolalar dinlenirken, brokoliyi hafifçe kömürleşene ve iyice ısınana kadar ızgarada pişirin. Brokoli rabesini domuz pirzolasıyla birlikte tabağa yerleştirin; Servis

yapmadan önce her pirzola ve brokolinin üzerine
turşuyu dökün.

ESCAROLE ILE DOLDURULMUŞ DOMUZ PIRZOLASI

EĞITIM:20 dakika pişirme süresi: 9 dakika: 4 porsiyon

ESCAROLE YEŞIL SALATA OLARAK YENEBILIRVEYA HIZLI BIR GARNITÜR IÇIN ZEYTINYAĞINDA SARIMSAKLA HAFIFÇE SOTELEYIN. BURADA ZEYTINYAĞI, SARIMSAK, KARABIBER, EZILMIŞ KIRMIZI BIBER VE LIMONLA BIRLEŞTIRILDIĞINDE SULU DOMUZ PIRZOLASI IÇIN GÜZEL, PARLAK YEŞIL BIR DOLGU HALINE GELIR.

4 6 ila 8 ons kemikli domuz pirzolası, ¾ inç kalınlığında kesilmiş

½ orta uçlu hindiba, ince doğranmış

4 yemek kaşığı zeytinyağı

1 yemek kaşığı taze limon suyu

¼ çay kaşığı karabiber

¼ çay kaşığı öğütülmüş kırmızı biber

2 büyük diş sarımsak, kıyılmış

Zeytin yağı

1 yemek kaşığı doğranmış taze adaçayı

¼ çay kaşığı karabiber

⅓ bardak sek beyaz şarap

1. Bir soyma bıçağı kullanarak, her domuz pirzolasının kavisli tarafında yaklaşık 2 inç genişliğinde derin bir cep kesin; yan tarafa koyun.

2. Büyük bir kapta hindiba etini, 2 yemek kaşığı zeytinyağını, limon suyunu, ¼ çay kaşığı karabiberi, ezilmiş kırmızı biberi ve sarımsağı birleştirin. Her pirzolayı karışımın dörtte biri ile doldurun. Köfteleri

zeytinyağıyla fırçalayın. Adaçayı ve ¼ çay kaşığı öğütülmüş karabiber serpin.

3. Geriye kalan 2 yemek kaşığı zeytinyağını çok büyük bir tavada orta-yüksek ateşte ısıtın. Domuz etinin her iki tarafını da altın rengi kahverengi olana kadar 4'er dakika kızartın. Köfteleri bir tabağa aktarın. Tavaya şarap ekleyin, kızartılmış parçaları kazıyın. Tava suyunu 1 dakika kadar azaltın.

4. Servis yapmadan önce pirzolaları tava suyuyla fırçalayın.

DIJON CEVIZLI KABUKLU DOMUZ PIRZOLASI

EĞITIM:15 dakika pişirme: 6 dakika pişirme: 3 dakika: 4 porsiyon<u>RESIM</u>

BU HARDALLI CEVIZLI PIRZOLABUNU YAPMAK DAHA KOLAY OLAMAZDI - VE LEZZETIN GETIRISI, HARCANAN ÇABANIN ÇOK ÖTESINDEDIR. TARÇINLA KAVRULMUŞ KABAKLA DENEYIN (BKZ.<u>YEMEK TARIFI</u>), NEOKLASIK WALDORF SALATASI (BKZ.<u>YEMEK TARIFI</u>) VEYA BRÜKSEL LAHANASI VE ELMA SALATASI (BKZ.<u>YEMEK TARIFI</u>).

⅓ fincan ince kıyılmış ceviz, kızartılmış (bkz.<u>İpuçları</u>)

1 yemek kaşığı doğranmış taze adaçayı

3 yemek kaşığı zeytinyağı

4 orta kesimli kemikli domuz pirzolası, yaklaşık 1 inç kalınlığında (toplamda yaklaşık 2 pound)

½ çay kaşığı karabiber

2 yemek kaşığı zeytinyağı

3 yemek kaşığı Dijon usulü hardal (bkz.<u>yemek tarifi</u>)

1. Fırını 400°F'ye önceden ısıtın. Cevizleri, adaçayı ve 1 yemek kaşığı zeytinyağını küçük bir kasede birleştirin.

2. Domuz pirzolalarına biber serpin. Geriye kalan 2 yemek kaşığı zeytinyağını, fırına dayanıklı büyük bir tavada yüksek ateşte ısıtın. Pirzola ekleyin; yakl. 6 dakika veya her iki tarafı da kızarana kadar, bir kez çevirerek. Tencereyi ocaktan alın. Pirzolaların üzerine Dijon usulü hardalı yayın; hardalın içine hafifçe bastırarak cevizli karışımın üzerine serpin.

3. Tavayı fırına yerleştirin. 3 ila 4 dakika veya pirzolalar
   bitene kadar (145°F) pişirin.

BÖĞÜRTLEN VE ISPANAK SALATASI ILE CEVIZLI DOMUZ ETI

EĞITIM:30 dakika pişirme süresi: 4 dakika: 4 porsiyon

DOMUZUN DOĞAL OLARAK TATLI BIR TADI VARDIRMEYVENIN YANINA ÇOK YAKIŞIYOR. HER NE KADAR OLAĞAN ŞÜPHELILER ELMA VE ARMUT GIBI SONBAHAR MEYVELERI YA DA ŞEFTALI, ERIK VE KAYISI GIBI SERT ÇEKIRDEKLI MEYVELER OLSA DA DOMUZ ETI, ŞARABA BENZER TATLI-EKŞI BIR TADA SAHIP OLAN BÖĞÜRTLEN ILE DE LEZZETLIDIR.

1⅔ su bardağı böğürtlen

1 yemek kaşığı artı 1½ çay kaşığı su

3 yemek kaşığı ceviz yağı

1 yemek kaşığı artı 1½ çay kaşığı beyaz şarap sirkesi

2 yumurta

¾ su bardağı badem unu

⅓ su bardağı ince kıyılmış ceviz

1 yemek kaşığı artı 1½ çay kaşığı Akdeniz baharatları
(bkz.<u>yemek tarifi</u>)

4 domuz pirzolası veya kemiksiz domuz pirzolası (toplamda
1 ila 1½ pound)

6 su bardağı taze bebek ıspanak yaprağı

½ bardak taze yırtılmış fesleğen yaprağı

½ su bardağı doğranmış kırmızı soğan

½ bardak kıyılmış, kavrulmuş ceviz (bkz.<u>İpuçları</u>)

¼ bardak rafine hindistan cevizi yağı

1. Böğürtlen sosu için küçük bir tencerede 1 bardak
böğürtlen ve suyu birleştirin. Kaynamak; ısıyı azaltın.
Kapağı kapalı olarak 4 ila 5 dakika veya meyveler

yumuşak ve açık kahverengi olana kadar ara sıra karıştırarak pişirin. Ateşten alın; biraz serinliyor. Soyulmamış böğürtlenleri bir blender veya mutfak robotuna dökün; örtün ve pürüzsüz olana kadar karıştırın veya işleyin. Bir kaşığın arkasını kullanarak püre haline getirilmiş meyveleri ince gözenekli bir süzgeçten geçirin; tohumları ve katıları atın. Orta boy bir kapta süzülmüş meyveleri, ceviz yağını ve sirkeyi birleştirin; yan tarafa koyun.

2. Büyük bir fırın tepsisini pişirme kağıdıyla kaplayın; yan tarafa koyun. Biraz derin bir kapta yumurtaları çatalla yavaşça iyice çırpın. Başka bir sığ tabakta badem ununu, ⅓ su bardağı kıyılmış cevizi ve Akdeniz baharatlarını birleştirin. Domuz pirzolalarını birer birer yumurtalara ve ardından fındık karışımına batırın ve eşit şekilde kaplayacak şekilde çevirin. Kaplanmış domuz pirzolalarını hazırlanan fırın tepsisine yerleştirin; yan tarafa koyun.

3. Ispanak ve fesleğenleri geniş bir kapta birleştirin. Sebzeleri dört servis tabağına paylaştırın ve tabağın bir kenarına yerleştirin. Üstüne ⅔ su bardağı kalan meyveler, kırmızı soğan ve ½ su bardağı kızarmış ceviz ekleyin. Böğürtlen sosunu gezdirin.

4. Hindistan cevizi yağını çok büyük bir tavada orta-yüksek ateşte ısıtın. Domuz pirzolasını tavaya yerleştirin; yakl. 4 dakika veya bitene kadar (145°F), bir kez çevirerek. Salata tabaklarına domuz pirzolası ekleyin.

TATLI VE EKŞI KIRMIZI LAHANA ILE DOMUZ ŞNITZEL

EĞITIM:Pişirmek 20 dakika: 45 dakika Yapılışı: 4 porsiyon

İÇİNDE"<u>PALEO PRENSIPLERI</u>"BU KITABIN BIR KISMI,BADEM UNU (BADEM UNU DA DENIR) PALEO OLMAYAN BIR IÇERIK MADDESI OLARAK LISTELENMIŞTIR - BADEM UNUNUN DOĞASI GEREĞI KÖTÜ OLMASI NEDENIYLE DEĞIL, GENELLIKLE BROWNIE, KURABIYE, KEK VB. ANALOGLARININ YAPIMINDA KULLANILMASI NEDENIYLE KULLANILMAMASI GEREKIR. REAL PALEO DIET®'IN DÜZENLI BIR PARÇASI OLUN. İNCE BIR TAVADA KIZARTILMIŞ DOMUZ ETI VEYA KÜMES HAYVANI KABUĞUNUN ÜST KISMI OLARAK IDARELI BIR ŞEKILDE KULLANILIR, BURADA OLDUĞU GIBI, SORUN DEĞIL.

LAHANA

- 2 yemek kaşığı zeytinyağı
- 1 su bardağı doğranmış kırmızı soğan
- 6 su bardağı ince dilimlenmiş kırmızı lahana (yaklaşık yarım baş)
- 2 Granny Smith elması, soyulmuş, çekirdeği çıkarılmış ve doğranmış
- ¾ bardak taze portakal suyu
- 3 yemek kaşığı elma sirkesi
- ½ çay kaşığı kimyon tohumu
- ½ çay kaşığı kereviz tohumu
- ½ çay kaşığı karabiber

DOMUZ

- 4 kemiksiz domuz pirzolası, yarım santim kalınlığında kesilmiş

2 su bardağı badem unu

1 yemek kaşığı kurutulmuş limon kabuğu

2 çay kaşığı karabiber

¾ çay kaşığı öğütülmüş çok amaçlı un

1 büyük yumurta

¼ bardak badem sütü

3 yemek kaşığı zeytinyağı

Limon çarkı

1. Tatlı ve ekşi lahana için 6 litrelik Hollanda fırınında zeytinyağını orta-düşük ateşte ısıtın. Soğan ekleyin; 6 ila 8 dakika veya yumuşak ve hafifçe kızarana kadar pişirin. Lahana ekleyin; 6 ila 8 dakika veya lahana gevrek ve yumuşak oluncaya kadar pişirin ve karıştırın. Elma, portakal suyu, sirke, kimyon, kereviz tohumu ve ½ çay kaşığı biber ekleyin. Kaynamak; ısıyı düşük seviyeye düşürün. Kapağını kapatıp ara sıra karıştırarak 30 dakika pişirin. Kapağını kapatıp sıvı miktarı biraz azalıncaya kadar pişirin.

2. Bu arada, domuz eti için pirzolaları iki tabaka plastik ambalajın veya mumlu kağıdın arasına yerleştirin. Bir et tokmağının veya oklavanın düz tarafını kullanarak yaklaşık ¼ inç kalınlığa kadar dövün; yan tarafa koyun.

3. Badem ununu, kurutulmuş limon kabuğu rendesini, 2 çay kaşığı biberi ve yenibaharı sığ bir kapta birleştirin. Başka bir sığ kapta yumurta ve badem sütünü birlikte çırpın. Domuz pirzolalarını hafifçe baharatlı unla kaplayın, fazlalığı silkeleyin. Yumurta karışımına batırın, ardından tekrar baharatlı una batırın, fazlalığı silkeleyin. Kalan pirzola ile tekrarlayın.

4. Zeytinyağını büyük bir tavada orta-yüksek ateşte ısıtın. Tavaya 2 pirzola ekleyin. 6 ila 8 dakika veya pirzolalar altın rengi kahverengi olana ve iyice pişene kadar bir kez çevirerek pişirin. Köfteleri sıcak bir tabağa koyun. Kalan 2 pirzola ile tekrarlayın.

5. Pirzolayı lahana ve limon dilimleriyle servis edin.

EZILMIŞ SARIMSAK KÖKLERIYLE KIZARTILMIŞ HINDI

EĞITIM:1 saat Kavurma: 2 saat 45 dakika Bekleme: 15 dakika
Yapım: 12 ila 14 porsiyon

OLAN BIR HINDI ARAYINSALIN ENJEKTE EDILMEDI. ETIKETTE "GELIŞTIRILMIŞ" VEYA "KENDI KENDINE SU GEÇIRMEZLIK" YAZIYORSA MUHTEMELEN SODYUM VE DIĞER KATKI MADDELERI ILE DOLUDUR.

1 12 ila 14 kiloluk hindi

2 yemek kaşığı Akdeniz baharatı (bkz.<u>yemek tarifi</u>)

¼ bardak zeytinyağı

3 kilo orta boy havuç, soyulmuş, kesilmiş ve uzunlamasına yarıya veya dörde bölünmüş

1 tarif Sarımsaklı püre (bkz.<u>yemek tarifi</u>, Daha düşük)

1. Fırını 425°F'ye önceden ısıtın. Hindiden boynu ve sakatatları çıkarın; İstenirse başka bir kullanım için ayırın. Göğsün kenarındaki cildi yavaşça gevşetin. Göğüs üzerinde ve iğnelerin üzerinde bir cep oluşturmak için parmaklarınızı derinin altında gezdirin. 1 yemek kaşığı Akdeniz baharatını derinin altına kaşıklayın; göğsünüze ve davullarınıza eşit şekilde

yaymak için parmaklarınızı kullanın. Boyun derisini geriye doğru çekin; bir mızrakla yakalanır. Tamburların uçlarını kuyruğun üstündeki deri şeridin altına yerleştirin. Deri bant yoksa kuyruk tamburlarını %100 pamuk iple sıkıca bağlayın. Kanat uçlarını arkanın altına doğru çevirin.

2. Hindiyi göğüs tarafı yukarı bakacak şekilde çok büyük, sığ bir tavadaki rafa yerleştirin. Hindiyi 2 yemek kaşığı yağla fırçalayın. Hindiyi geri kalan Akdeniz baharatıyla serpin. Fırında güvenli bir et termometresini uyluğun içindeki bir kasın ortasına yerleştirin; termometre bacağa temas etmemelidir. Hindiyi folyoyla gevşek bir şekilde örtün.

3. 30 dakika pişirin. Fırın sıcaklığını 325°F'a düşürün. 1 buçuk saat kadar pişirin. Çok büyük bir kapta havuçları ve kalan 2 yemek kaşığı yağı birleştirin; örtmek için atın. Havuçları fırına dayanıklı geniş bir tabağa yayın. Hindiden folyoyu çıkarın ve çubukların arasından deri şeridini veya ipi kesin. Havuçları ve hindiyi 45 dakika ila 1¼ saat daha veya termometre 175°F'yi kaydedene kadar kızartın.

4. Hindiyi fırından çıkarın. Kapak; dilimlemeden önce 15 ila 20 dakika bekletin. Hindiyi havuç ve sarımsakla ıslatılmış köklerle servis edin.

Kökleri sarımsakla ezin: 3 ila 3½ pound rutabaga ve 1½ ila 2 pound kereviz kökünü kesin ve soyun; 2 inçlik parçalar halinde kesin. Rutabagaları ve kereviz kökünü 6 litrelik bir tencerede, üzerini kaplayacak kadar kaynar suda 25 ila 30 dakika veya çok yumuşayana kadar pişirin. Bu arada küçük bir tencerede 3 yemek kaşığı sızma yağı ve 6 ila 8 diş kıyılmış sarımsağı birleştirin. Düşük ateşte 5 ila 10 dakika veya sarımsak çok hoş kokulu olana ancak kahverengileşmeyene kadar pişirin. ¾ bardak tavuk kemik suyunu dikkatlice ekleyin (bkz.<u>yemek tarifi</u>) veya tuzsuz tavuk suyu. Kaynamak; ateşten alın. Sebzeleri boşaltın ve tencereye geri dönün. Sebzeleri patates eziciyle ezin veya elektrikli karıştırıcıyla düşük devirde çırpın. ½ çay kaşığı karabiber ekleyin. Sebzeler karışana ve neredeyse pürüzsüz hale gelene kadar stok karışımını yavaş yavaş püre haline getirin veya çırpın. İstenilen kıvamı elde etmek için gerekirse ¼ bardak tavuk kemiği suyu daha ekleyin.

PESTO SOS VE ROKA SALATASI ILE DOLDURULMUŞ HINDI GÖĞSÜ

EĞITIM:30 dakika pişirme: 1 saat 30 dakika bekleme: 20 dakika üretim: 6 porsiyon

BU BEYAZ ET SEVENLER IÇINORADA - GÜNEŞTE KURUTULMUŞ DOMATES, FESLEĞEN VE AKDENIZ BAHARATLARIYLA DOLDURULMUŞ ÇITIR HINDI GÖĞSÜ. ARTIKLAR HARIKA BIR ÖĞLE YEMEĞI YAPAR.

- 1 su bardağı kurutulmuş kükürtsüz domates (yağla doldurulmamış)
- Derisi ile birlikte 4 kiloluk kemiksiz hindi göğsünün 1 yarısı
- 3 çay kaşığı Akdeniz baharatı (bkz.<u>yemek tarifi</u>)
- 1 bardak taze paketlenmiş fesleğen yaprağı
- 1 yemek kaşığı zeytinyağı
- 8 gram bebek roka
- 3 büyük domates, ikiye bölünmüş ve dilimlenmiş
- ¼ bardak zeytinyağı
- 2 yemek kaşığı kırmızı şarap sirkesi
- Karabiber
- 1½ bardak fesleğen pesto (bkz.<u>yemek tarifi</u>)

1. Fırını 375°F'ye önceden ısıtın. Küçük bir kapta, güneşte kurutulmuş domateslerin üzerini kaplayacak kadar kaynar su dökün. 5 dakika bekletin; süzün ve ince ince doğrayın.

2. Hindi göğsünü derisi alta gelecek şekilde geniş bir plastik tabakanın üzerine yerleştirin. Hindinin üzerine başka bir plastik örtü tabakası yerleştirin. Bir et tokmağının

düz tarafını kullanarak, göğüs etini eşit bir kalınlığa, yaklaşık ¾ inç kalınlığa kadar yavaşça dövün. Plastik ambalajı atın. Etin üzerine 1½ çay kaşığı Akdeniz baharatı serpin. Domates ve fesleğen yapraklarıyla kaplayın. Hindi göğsünü derisi dışarıda kalacak şekilde dikkatlice yuvarlayın. %100 pamuklu mutfak ipi kullanarak bifteği dört ila altı yerinden bağlayın. 1 yemek kaşığı zeytinyağı ile gezdirin. Kalan 1½ çay kaşığı Akdeniz baharatını bifteğe serpin.

3. Bifteği, derisi yukarı bakacak şekilde küçük bir tava içindeki tel ızgaranın üzerine yerleştirin. 1 1/2 saat boyunca veya merkeze yakın bir yere yerleştirilen termometre 165°F'yi kaydedene ve cilt altın rengi kahverengi ve gevrek oluncaya kadar üstü açık pişirin. Hindiyi fırından çıkarın. Folyo ile gevşek bir şekilde örtün; dilimlemeden önce 20 dakika bekletin.

4. Roka salatası için rokayı, domatesi, ¼ bardak zeytinyağını, sirkeyi ve biberi geniş bir kapta birleştirin. Biftekteki telleri çıkarın. Hindiyi ince dilimler halinde kesin. Roka salatası ve fesleğen pesto ile servis ediliyor.

KIRAZLI BARBEKÜ SOSLU BAHARATLI HINDI GÖĞSÜ

EĞITIM:15 dakika Pişirme: 1 saat 15 dakika Bekleme: 45 dakika
Yapılışı: 6 ila 8 porsiyon

BU ÇOK GÜZEL BIR TARIFBURGER DISINDA BIR SEY PISIRMEK
ISTEDIGINIZDE ARKA BAHÇEDEKI IZGARADA KALABALIGA
HIZMET VERIYOR. ÇITIR BROKOLI SALATASI GIBI ÇITIR BIR
SALATA ILE SERVIS YAPIN (BKZ.<u>YEMEK TARIFI</u>) VEYA
RENDELENMIŞ BRÜKSEL LAHANASI SALATASI (BKZ.<u>YEMEK
TARIFI</u>).

 1 bütün 4 ila 5 kiloluk kemikli hindi göğsü

 3 yemek kaşığı füme baharat (bkz.<u>yemek tarifi</u>)

 2 yemek kaşığı taze limon suyu

 3 yemek kaşığı zeytinyağı

 1 bardak Sauvignon Blanc gibi sek beyaz şarap

 1 bardak taze veya dondurulmuş Bing kirazı, şekersiz,
    çekirdeği çıkarılmış ve doğranmış

 ⅓ bardak su

 1 bardak barbekü sosu (bkz.<u>yemek tarifi</u>)

1. Hindi göğsünü oda sıcaklığında 30 dakika bekletin. Fırını
   325°F'ye önceden ısıtın. Hindi göğsünü derisi yukarı
   bakacak şekilde bir tavadaki rafa yerleştirin.

2. Füme baharatları, limon suyunu ve zeytinyağını küçük bir
   kapta birleştirerek macun haline getirin. Etin derisini
   gevşetin; Salçanın yarısını deri altındaki etin üzerine
   dikkatlice yayın. Kalan macunu cilde eşit şekilde yayın.
   Şarabı tavanın dibine dökün.

3. 1¼ ila 1½ saat boyunca veya cilt altın kahverengi oluncaya ve bifteğin ortasına yerleştirilen (kemiğe dokunmadan) anında okunan bir termometre 170°F'yi kaydedinceye kadar kavurun ve kızartma süresinin yarısına gelindiğinde tavayı çevirin. Dilimlemeden önce 15 ila 30 dakika bekletin.

4. Bu arada Cherry BBQ Sos için kirazları ve suyu orta boy bir tencerede birleştirin. Kaynamak; ısıyı azaltın. 5 dakika kadar ağzı açık pişirin. Barbekü sosunu karıştırın; 5 dakika pişirin. Hindiyle birlikte ılık veya oda sıcaklığında servis yapın.

ŞARAPTA KAVRULMUŞ HINDI ETI

HINDIYI TAVADA PIŞIRINŞARAP, DOĞRANMIŞ ROMA DOMATESI, TAVUK SUYU, TAZE OTLAR VE EZILMIŞ KIRMIZI BIBERIN BIRLEŞIMIYLE HARIKA BIR LEZZET VERIR. HER LOKMADA LEZZETLI ET SUYUNDAN BIRAZ ALMAK IÇIN BU GÜVEÇ ÇANAĞINI SIĞ KASELERDE VE BÜYÜK KAŞIKLARLA SERVIS EDIN.

- 1 inçlik parçalar halinde kesilmiş 2 8 ila 12 onsluk hindi filetosu
- Tuzsuz kuş için 2 yemek kaşığı baharat
- 2 yemek kaşığı zeytinyağı
- 6 diş sarımsak, kıyılmış (1 yemek kaşığı)
- 1 su bardağı doğranmış soğan
- ½ bardak doğranmış kereviz
- 6 adet Roma domatesi, çekirdekleri çıkarılmış ve doğranmış (yaklaşık 3 bardak)
- ½ fincan Sauvignon Blanc gibi sek beyaz şarap
- ½ bardak tavuk kemik suyu (bkz.<u>yemek tarifi</u>) veya tuzsuz tavuk suyu
- ½ çay kaşığı ince kıyılmış taze biberiye
- ¼ ila ½ çay kaşığı öğütülmüş kırmızı biber
- ½ bardak taze fesleğen yaprağı, doğranmış
- ½ su bardağı doğranmış taze maydanoz

1. Büyük bir kaseye hindi parçalarını kümes hayvanı baharatıyla birlikte atın. Çok büyük yapışmaz bir tavada 1 yemek kaşığı zeytinyağını orta ateşte ısıtın. Hindiyi kızgın yağda her tarafı kahverengi oluncaya kadar azar

azar kızartın. (Hindi'nin pişirilmesine gerek yoktur.) Bir
tabağa aktarın ve sıcak tutun.

2. Kalan 1 yemek kaşığı zeytinyağını tavaya ekleyin. Isıyı
orta yüksekliğe yükseltin. Sarımsakları ekleyin; 1
dakika pişirin ve karıştırın. Soğan ve kereviz ekleyin; 5
dakika pişirin ve karıştırın. Hindiyi ve tabaktaki meyve
sularını, domatesleri, şarabı, tavuk kemik suyunu,
biberiyeyi ve ezilmiş kırmızı biberi ekleyin. Isıyı orta-
düşük seviyeye düşürün. Kapağını kapatıp ara sıra
karıştırarak 20 dakika pişirin. Fesleğen ve maydanozu
ekleyin. Kapağını açın ve 5 dakika daha veya hindi artık
pembe olmayana kadar pişirin.

FRENK SOĞANI KARIDES SOSLU TAVADA KIZARTILMIŞ HINDI GÖĞSÜ

HINDI SAKATATLARINI IKIYE KESMEK IÇINYATAY OLARAK MÜMKÜN OLDUĞUNCA EŞIT BIR ŞEKILDE, ETI KESERKEN EŞIT BASINÇ UYGULAYARAK HER BIRINE AVUCUNUZUN IÇINDE HAFIFÇE BASTIRIN.

- ¼ bardak zeytinyağı
- 2 adet 8 ila 12 onsluk hindi göğsü filetosu, yatay olarak ikiye bölünmüş
- ¼ çay kaşığı taze çekilmiş karabiber
- 3 yemek kaşığı zeytinyağı
- 4 diş sarımsak, kıyılmış
- 8 ons soyulmuş ve ayrılmış orta boy karides, kuyrukları çıkarılmış ve uzunlamasına ikiye bölünmüş
- ¼ fincan sek beyaz şarap, tavuk kemiği suyu (bkz.yemek tarifi) veya tuzsuz tavuk suyu
- 2 yemek kaşığı taze doğranmış frenk soğanı
- ½ çay kaşığı ince rendelenmiş limon kabuğu
- 1 yemek kaşığı taze limon suyu
- Balkabağı ve domates eriştesi (bkz.yemek tarifi, aşağıda) (isteğe bağlı)

1. 1 yemek kaşığı zeytinyağını çok büyük bir tavada orta-yüksek ateşte ısıtın. Hindiyi tavaya ekleyin; biber serpin. Sıcaklığı orta dereceye düşürün. 12 ila 15 dakika veya artık pembeleşmeyene ve meyve suları berrak (165°F) akana kadar pişirin, pişirme işleminin yarısında

bir kez çevirin. Hindi köftelerini tavadan çıkarın. Sıcak tutmak için folyo ile örtün.

2. Sos için aynı tavada 3 yemek kaşığı yağı orta ateşte ısıtın. Sarımsakları ekleyin; 30 saniye pişirin. Karidesleri karıştırın; 1 dakika pişirin ve karıştırın. Şarap, frenk soğanı ve limon kabuğu rendesini karıştırın; 1 dakika daha veya karides opaklaşana kadar pişirin ve karıştırın. Ateşten alın; limon suyuyla karıştırın. Servis yapmak için sosu kızarmış hindinin üzerine dökün. Arzu ederseniz kabak ve domatesli noodle ile servis yapın.

Balkabağı ve domates eriştesi: Bir mandolin veya jülyen soyucu kullanarak 2 sarı yaz kabağını jülyen şeritler halinde kesin. Büyük bir tavada 1 yemek kaşığı sızma zeytinyağını orta-yüksek ateşte ısıtın. Balkabağı şeritleri ekleyin; 2 dakika pişirin. 1 su bardağı bölünmüş üzüm domates ve ¼ çay kaşığı taze çekilmiş karabiber ekleyin; 2 dakika daha veya kabaklar gevrek ve yumuşak oluncaya kadar pişirin.

KÖK ILE HAŞLANMIŞ HINDI BUDU

EĞITIM:30 dakika pişirme süresi: 1 saat 45 dakika: 4 porsiyon

BU DA O YEMEKLERDEN BIRIGEVREK BIR SONBAHAR ÖGLEDEN SONRA, FIRINDA KAYNARKEN YÜRÜYÜSE ÇIKACAK ZAMANINIZ OLDUGUNDA YEMEK PISIRMEK ISTIYORSUNUZ. EGER EGZERSIZ ISTAHINIZI AÇMIYORSA, KAPIDAN IÇERI GIRDIGINIZDE ORTAYA ÇIKAN HARIKA AROMA KESINLIKLE AÇACAKTIR.

3 yemek kaşığı zeytinyağı

4 adet 20 ila 24 onsluk hindi budu

½ çay kaşığı taze çekilmiş karabiber

6 diş sarımsak, temizlenmiş ve ince doğranmış

1½ çay kaşığı rezene tohumu, ezilmiş

1 çay kaşığı bütün yenibahar, morarmış*

1½ su bardağı tavuk kemiği suyu (bkz.<u>yemek tarifi</u>) veya tuzsuz tavuk suyu

2 dal taze biberiye

2 dal taze kekik

1 defne yaprağı

2 büyük soğan, soyulmuş ve her biri 8 dilime kesilmiş

6 büyük havuç, soyulmuş ve 1 inçlik dilimler halinde kesilmiş

2 büyük şalgam, soyulmuş ve 1 inçlik küpler halinde kesilmiş

2 orta boy yaban havucu, soyulmuş ve 1 inçlik dilimler halinde kesilmiş**

1 kereviz kökü, soyulmuş ve 1 inçlik parçalar halinde kesilmiş

1. Fırını 350°F'ye önceden ısıtın. Büyük bir tavada zeytinyağını orta-yüksek ateşte parıldayana kadar ısıtın. 2 hindi budu ekleyin. Yaklaşık 8 dakika veya bacaklar altın renginde ve her tarafı çıtır çıtır olana ve eşit şekilde kızarana kadar pişirin. Hindi bacaklarını bir tabağa aktarın; kalan 2 hindi budu ile tekrarlayın. Yan tarafa koyun.

2. Tavaya biber, sarımsak, rezene tohumu ve rezene tohumlarını ekleyin. Orta ateşte 1 ila 2 dakika veya kokusu çıkana kadar pişirin ve karıştırın. Tavuk kemik suyunu, biberiyeyi, kekiği ve defne yaprağını karıştırın. Tencerenin dibindeki kahverengileşmiş parçaları kazımak için karıştırarak kaynatın. Tavayı ocaktan alın ve bir kenara koyun.

3. Sıkı kapanan kapağı olan çok büyük bir Hollanda fırınında soğanları, havuçları, şalgamları, yaban havuçlarını ve kereviz kökünü birleştirin. Tava sıvısını ekleyin; örtmek için atın. Hindi bacaklarını sebze karışımına bastırın. Bir kapakla örtün.

4. Yaklaşık 1 saat 45 dakika veya sebzeler yumuşayana ve hindi tamamen pişene kadar kızartın. Hindi butlarını ve sebzeleri geniş, sığ kaselerde servis edin. Tava suyunu üstüne gezdirin.

*İpucu: Yenibahar ve rezene tohumlarını ezmek için tohumları bir kesme tahtası üzerine yerleştirin. Şef bıçağının düz tarafını kullanın ve tohumları hafifçe ezmek için aşağı doğru bastırın.

**İpucu: Yaban havuçlarının üst kısımlarından büyük
  parçaları kesin.

KARAMELIZE SOĞAN KETÇAPI VE KIZARMIŞ LAHANA DILIMLERI ILE OTLU HINDI KÖFTE

EĞITIM:15 dakika pişirme: 30 dakika pişirme: 1 saat 10 dakika ayakta durma: 5 dakika üretim: 4 porsiyon

KETÇAPLA SÜSLENMIŞ KLASIK KÖFTE KESINLIKLEKETÇAP ÇALIŞTIRILDIĞINDA PALEO MENÜSÜNDE (BKZ.<u>YEMEK TARIFI</u>) ILAVE TUZ VE ŞEKER IÇERMEZ. BURADA KETÇAP, KIZARTMADAN ÖNCE EKMEĞIN ÜZERINE KONULAN KARAMELIZE SOĞANLA KARIŞTIRILIYOR.

1½ kilo öğütülmüş hindi

2 yumurta, hafifçe dövülmüş

½ su bardağı badem unu

⅓ su bardağı doğranmış taze maydanoz

¼ fincan ince dilimlenmiş çay (2)

1 yemek kaşığı doğranmış taze adaçayı veya 1 çay kaşığı kurutulmuş adaçayı, ezilmiş

1 yemek kaşığı taze doğranmış kekik veya 1 çay kaşığı kurutulmuş, ezilmiş kekik

¼ çay kaşığı karabiber

2 yemek kaşığı zeytinyağı

2 tatlı soğan, yarıya bölünmüş ve ince dilimlenmiş

1 bardak Paleo Ketçap (bkz.<u>yemek tarifi</u>)

1 küçük lahana, ikiye bölünmüş, çekirdeği çıkarılmış ve 8 dilime kesilmiş

½ ila 1 çay kaşığı öğütülmüş kırmızı biber

1. Fırını 350°F'ye önceden ısıtın. Büyük bir tepsiyi parşömen kağıdıyla hizalayın; yan tarafa koyun. Büyük

bir kapta hindi kıyması, yumurta, badem unu, maydanoz, soğan, adaçayı, kekik ve karabiberi birleştirin. Hazırlanan tavada hindi karışımını 8 × 4 inçlik bir somun haline getirin. 30 dakika pişirin.

2. Bu arada karamelize soğan ketçapı için 1 yemek kaşığı zeytinyağını büyük bir tavada orta ateşte ısıtın. Soğan ekleyin; yaklaşık 5 dakika veya soğan kahverengileşene kadar sık sık karıştırarak pişirin. Isıyı orta-düşük seviyeye düşürün; yakl. 25 dakika veya ara sıra karıştırarak altın rengi ve çok yumuşak olana kadar. Ateşten alın; Paleo Ketçap'ı karıştırın.

3. Hindi çöreğinin üzerine karamelize soğan ketçapını kaşıkla dökün. Lahana dilimlerini ekmeğin çevresine dizin. Kalan 1 yemek kaşığı zeytinyağını lahananın üzerine gezdirin; öğütülmüş kırmızı biber serpin. Yaklaşık olarak pişirin. 40 dakika veya ekmeğin ortasına yerleştirilen bir termometre 165°F'yi kaydedene kadar, üzerine ekstra karamelize soğan ketçapı ekleyin ve 20 dakika sonra lahana dilimlerini çevirin. Hindi ekmeğini dilimlemeden önce 5 ila 10 dakika bekletin.

4. Hindi ekmeğini lahana dilimleri ve kalan karamelize soğan ketçapıyla birlikte servis edin.

TÜRKIYE POSOLE

BU IÇINIZI ISITAN MEKSIKA USULÜ ÇORBANIN MALZEMESIGARNITÜRDEN DAHA FAZLASIDIRLAR. KIŞNIŞ KENDINE ÖZGÜ BIR TAT KATIYOR, AVOKADO KREMAMSI BIR TAT KATIYOR VE KAVRULMUŞ PEPITALAR LEZZETLI BIR ÇITIRLIK KATIYOR.

8 taze domates

1¼ ila 1½ pound öğütülmüş hindi

1 tatlı kırmızı biber, çekirdeği çıkarılmış ve ince şeritler halinde kesilmiş

½ su bardağı doğranmış soğan (1 orta boy)

6 diş sarımsak, kıyılmış (1 yemek kaşığı)

1 yemek kaşığı Meksika baharatı (bkz.<u>yemek tarifi</u>)

2 su bardağı tavuk kemik suyu (bkz.<u>yemek tarifi</u>) veya tuzsuz tavuk suyu

1 14,5 ons tuz eklenmemiş ateşte kavrulmuş domates, sıkıştırılmamış

1 jalapeño veya serrano biberi, çekirdekleri çıkarılmış ve doğranmış (bkz.<u>İpuçları</u>)

1 orta boy avokado, ikiye bölünmüş, soyulmuş, çekirdeği çıkarılmış ve ince dilimlenmiş

¼ fincan tuzsuz, kızarmış külçeler (bkz.<u>İpuçları</u>)

¼ fincan taze doğranmış kişniş

limon dilimleri

1. Izgarayı önceden ısıtın. Domatesin kabuğunu çıkarın ve atın. Domatesleri yıkayıp ikiye bölün. Domates

yarımlarını ızgara tavasındaki ısıtılmamış rafa
yerleştirin. 4 ila 5 inç sıcaklıkta 8 ila 10 dakika veya
hafifçe kömürleşene kadar pişirin, pişirme işleminin
yarısında bir kez çevirin. Tel ızgara üzerindeki tavada
dikkatlice soğutun.

2. Bu arada hindiyi, dolmalık biberi ve soğanı büyük bir
   tavada orta-yüksek ateşte 5 ila 10 dakika veya hindi
   kahverengileşip sebzeler yumuşayana kadar tahta
   kaşıkla karıştırarak eti parçalayana kadar pişirin.
   yemek pişirirken. Gerekirse yağı boşaltın. Sarımsak ve
   Meksika baharatını ekleyin. 1 dakika daha pişirin ve
   karıştırın.

3. Kömürleşmiş domateslerin yaklaşık üçte ikisini ve 1
   bardak tavuk kemik suyunu bir karıştırıcıda birleştirin.
   Örtün ve pürüzsüz olana kadar karıştırın. Hindi
   karışımını tavaya ekleyin. Kalan 1 su bardağı tavuk
   kemik suyunu, sıkılmamış domatesleri ve acı biberi
   ilave edip karıştırın. Kalan domatesleri iri iri doğrayın;
   Hindi karışımına ekleyin. Kaynamak; ısıyı azaltın.
   Kapağını kapatıp 10 dakika pişirin.

4. Servis yapmak için çorbayı sığ kaselere dökün. Üstüne
   avokado, pepitas ve kişniş ekleyin. Çorbanın üzerine
   bastırmak için limon dilimlerini geçirin.

TAVUK KEMIK SUYU

EĞITIM:15 dakika Kavurma: 30 dakika Kavurma: 4 saat
Soğutma: gece boyunca Yapılışı: yakl. 10 bardak

EN TAZE, EN IYI TAT VE EN YÜKSEK LEZZET IÇINBESIN
IÇERIĞI - TARIFLERINIZDE EV YAPIMI TAVUK SUYU KULLANIN
(AYNI ZAMANDA TUZ, KORUYUCU VEYA KATKI MADDELERI
OLMADAN). PIŞIRMEDEN ÖNCE KEMIKLERI KIZARTMAK
LEZZETI ARTIRIR. KEMIKLER SIVININ IÇINDE YAVAŞÇA
KAYNADIKÇA ET SUYUNA KALSIYUM, FOSFOR, MAGNEZYUM
VE POTASYUM GIBI MINERALLER AŞILANIR. AŞAĞIDAKI
YAVAŞ PIŞIRICI VARYASYONU, YAPIMINI ÖZELLIKLE
KOLAYLAŞTIRIR. 2 VE 4 FINCANLIK KAPLARDA DONDURUN
VE YALNIZCA IHTIYACINIZ OLANI ÇÖZÜN.

2 kg tavuk kanadı ve sırtı

4 havuç, doğranmış

2 büyük pırasanın yalnızca beyaz ve soluk yeşil kısımları,
ince dilimlenmiş

2 sap kereviz yapraklarıyla birlikte, iri kıyılmış

1 yaban havucu, iri kıyılmış

6 büyük dal İtalyan maydanozu (düz yapraklı).

6 dal taze kekik

4 diş sarımsak, ikiye bölünmüş

2 çay kaşığı bütün karabiber

2 bütün karanfil

Soğuk su

1. Fırını 425°F'ye önceden ısıtın. Tavuk kanatlarını ve sırtını
büyük bir fırın tepsisine yerleştirin; 30 ila 35 dakika
veya iyice kızarana kadar pişirin.

2. Fırın tepsisinde biriken kızartılmış tavuk parçalarını ve kızartılmış parçaları büyük bir tencereye aktarın. Havuç, pırasa, kereviz, yaban havucu, maydanoz, kekik, sarımsak, karabiber ve karanfil ekleyin. Büyük bir tencereye tavuk ve sebzeleri kaplayacak kadar soğuk su (yaklaşık 12 bardak) ekleyin. Orta ateşte kaynatın; Suyu çok düşük bir kaynama seviyesinde tutacak ve kabarcıklar sadece yüzeyi kıracak şekilde ısıyı ayarlayın. Kapağını kapatıp 4 saat pişirin.

3. Sıcak suyu, iki kat nemli %100 pamuklu tülbentle kaplı büyük bir süzgeçten geçirin. Katıları atın. Et suyunu örtün ve gece boyunca buzdolabında bekletin. Kullanmadan önce et suyunun üst kısmındaki yağ tabakasını alın ve atın.

İpucu: Et suyu hazırlamak için (isteğe bağlı), 1 yumurta akı, 1 ezilmiş yumurta kabuğu ve ¼ bardak soğuk suyu küçük bir kasede birleştirin. Karışımı tenceredeki süzülmüş et suyuna karıştırın. Tekrar kaynatın. Ateşten alın; 5 dakika bekletin. Sıcak et suyunu çift kat taze %100 pamuklu tülbentle kaplı bir süzgeçten geçirin. Kullanmadan önce yağı soğutun ve yağdan arındırın.

Yavaş Pişirici Talimatları: 2. adım dışında belirtilen şekilde hazırlayın. Malzemeleri 5 ila 6 litrelik yavaş pişiriciye yerleştirin. Örtün ve 12 ila 14 saat boyunca düşük ateşte pişirin. 3. adımda anlatıldığı gibi devam edin. Yaklaşık 10 bardak elde edilir.

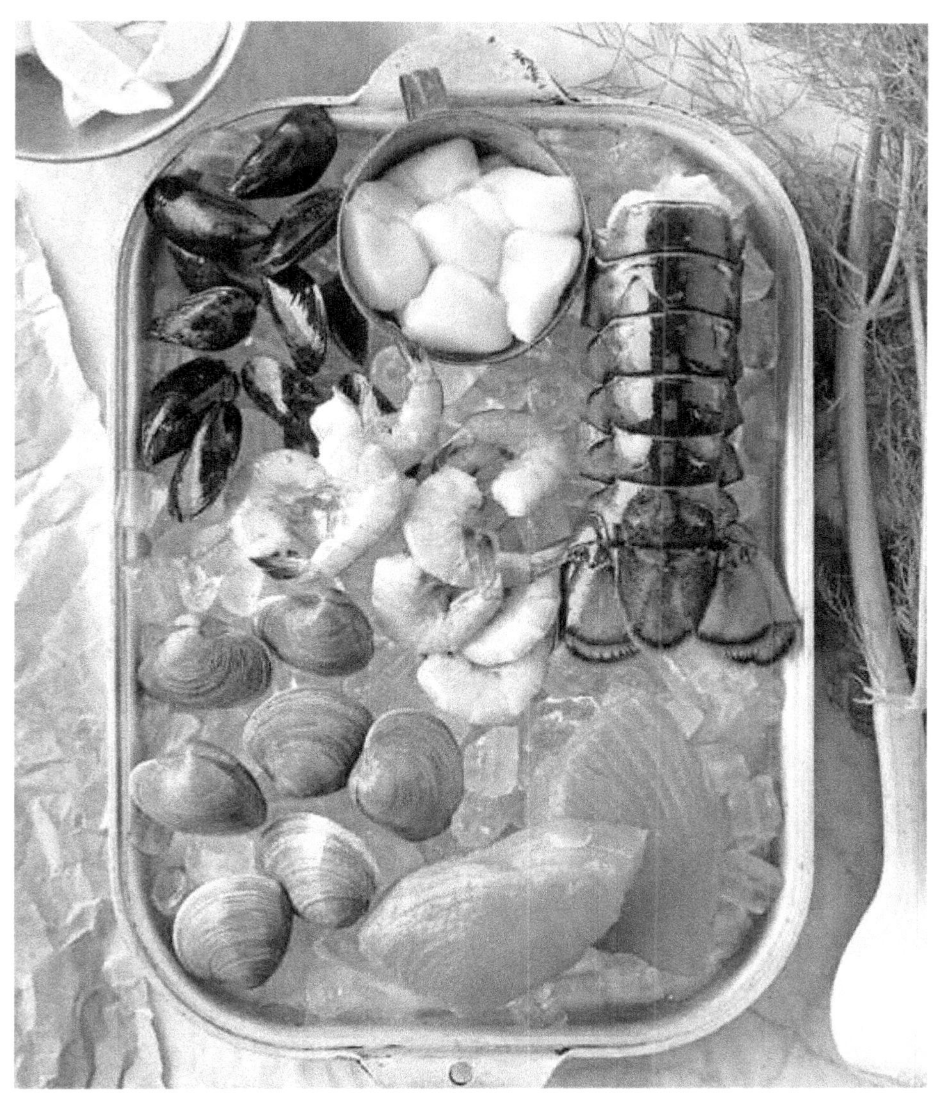

YEŞIL HARISSA SOMONU

EĞITIM:25 dakika pişirme: 10 dakika ızgara: 8 dakika verim: 4 porsiyonRESIM

STANDART BIR SEBZE SOYUCU KULLANILIRSALATA IÇIN TAZE ÇIĞ KUŞKONMAZI INCE ŞERITLER HALINDE TIRAŞLAMAK. PARLAK NARENCIYE SOSU ILE ATILMIŞ (BKZ.YEMEK TARIFI) VE ÜSTÜNE FÜME AYÇIÇEĞI TOHUMLARI EKLENMIŞ, BAHARATLI SOMON VE YEŞIL BITKI SOSUNA FERAHLATICI BIR EŞLIK EDIYOR.

SOMON

4 6 ila 8 onsluk somon filetosu, taze veya dondurulmuş, derisiz, yaklaşık 1 inç kalınlığında

Zeytin yağı

HARISSA

1½ çay kaşığı kimyon tohumu

1½ çay kaşığı kişniş tohumu

1 bardak sıkıca paketlenmiş taze maydanoz yaprağı

1 su bardağı iri kıyılmış taze kişniş (yaprakları ve sapları)

2 jalapeno, çekirdekleri çıkarılmış ve kabaca doğranmış (bkz.İpuçları)

1 soğan, doğranmış

2 diş sarımsak

1 çay kaşığı ince kıyılmış limon kabuğu

2 yemek kaşığı taze limon suyu

⅓ su bardağı zeytinyağı

BAHARATLI AYÇIÇEĞI TOHUMLARI

⅓ bardak çiğ ayçiçeği çekirdeği

1 çay kaşığı zeytinyağı

1 çay kaşığı füme baharat (bkz.<u>yemek tarifi</u>)

SALATA

12 büyük kuşkonmaz mızrağı, kesilmiş (yaklaşık 1 kg)

⅓ bardak Parlak Narenciye sosu (bkz.<u>yemek tarifi</u>)

1. Donmuşsa balığı çözdürün; kağıt havluyla kurulayın. Balıkların her iki tarafını da hafifçe zeytinyağıyla fırçalayın. Yan tarafa koyun.

2. Harissa için kimyon ve kişniş tohumlarını küçük bir tavada orta-düşük ateşte 3 ila 4 dakika veya hafifçe kızarıp kokusu çıkana kadar kızartın. Kızarmış kimyon ve kişniş tohumu, maydanoz, kişniş, jalapeno, yeşil soğan, sarımsak, limon kabuğu rendesi, limon suyu ve zeytinyağını bir mutfak robotunda birleştirin. Pürüzsüz olana kadar işlem yapın. Yan tarafa koyun.

3. Baharatlı ayçiçeği tohumları için fırını önceden 300°F'ye ısıtın. Bir fırın tepsisini pişirme kağıdıyla hizalayın; yan tarafa koyun. Ayçiçeği tohumlarını ve 1 çay kaşığı zeytinyağını küçük bir kasede birleştirin. Füme baharatı tohumların üzerine serpin; ceketine fırlat. Ayçiçeği çekirdeklerini pişirme kağıdının üzerine eşit şekilde yayın. Yaklaşık 10 dakika veya hafifçe kızarıncaya kadar pişirin.

4. Kömürlü veya gazlı ızgara için, somonu orta ateşte yağlanmış bir ızgaraya yerleştirin. Kapağını kapatın ve 8 ila 12 dakika kadar veya çatalla test edildiğinde balık pulları çıkana kadar pişirin, pişirme işleminin yarısında bir kez çevirin.

5. Bu arada salata için kuşkonmaz saplarını sebze soyucu kullanarak uzun ince şeritler halinde tıraş edin. Orta boy bir tabağa veya kaseye aktarın. (Şişler inceltildiğinde uçları kırılacaktır; bir tabağa veya kaseye koyun.) Parlak narenciye sosunu traşlanmış şişlerin üzerine gezdirin. Üzerine baharatlı ayçiçeği çekirdeği serpin.

6. Servis yapmak için dört tabağın her birine birer fileto yerleştirin; Her filetoya bir kaşık dolusu yeşil harissa koyun. Rendelenmiş kuşkonmaz salatası ile servis edilir.

MARINE EDILMIŞ ENGINAR KALBI SALATASI ILE IZGARA SOMON

EĞITIM:20 dakika ızgara: 12 dakika: 4 porsiyon

GENELLIKLE SALATA FIRLATMAK IÇIN EN IYI ARAÇLARBU SIZIN ELLERINIZ YUMUŞAK MARULUN VE IZGARA ENGINARLARIN BU SALATAYA EŞIT ŞEKILDE KARIŞMASINI SAĞLAMAK IÇIN BUNU TEMIZ ELLERLE YAPMAK EN IYISIDIR.

- 4 6 ons taze veya dondurulmuş somon filetosu
- 1 9 onsluk paket dondurulmuş enginar kalbi, çözülmüş ve süzülmüş
- 5 yemek kaşığı zeytinyağı
- 2 yemek kaşığı kıyılmış arpacık soğanı
- 1 yemek kaşığı ince kıyılmış limon kabuğu
- ¼ bardak taze limon suyu
- 3 yemek kaşığı taze doğranmış kekik
- ½ çay kaşığı taze çekilmiş karabiber
- 1 yemek kaşığı Akdeniz baharatları (bkz.<u>yemek tarifi</u>)
- 1 5 onsluk paket bebek marul

1. Donmuşsa balığı çözdürün. Balıkları durulayın; kağıt havluyla kurulayın. Balıkları bir kenara koyun.

2. Orta boy bir kapta enginar kalplerini 2 yemek kaşığı zeytinyağıyla karıştırın; yan tarafa koyun. Büyük bir kapta 2 yemek kaşığı zeytinyağı, arpacık soğan, limon kabuğu rendesi, limon suyu ve kekiği birleştirin; yan tarafa koyun.

3. Kömürlü veya gazlı ızgara için enginar kalplerini ızgara
   sepetine yerleştirin ve doğrudan orta-yüksek ateşte
   ızgara yapın. Kapağı kapatın ve 6 ila 8 dakika veya iyice
   kömürleşene ve iyice ısıtılana kadar sık sık karıştırarak
   ızgara yapın. Enginarları ızgaradan çıkarın. 5 dakika
   soğumaya bırakın, ardından enginarları arpacık soğanı
   karışımına ekleyin. Biberle tatlandırın; örtmek için atın.
   Yan tarafa koyun.

4. Somonu kalan 1 yemek kaşığı zeytinyağıyla fırçalayın;
   Akdeniz baharatlarını serpin. Somonu baharatlı tarafı
   aşağı bakacak şekilde doğrudan orta-yüksek ateşte
   ızgaraya yerleştirin. Kapağı kapatın ve 6 ila 8 dakika
   kadar veya balık çatalla test edildiğinde pul pul olmaya
   başlayana kadar pişirin, pişirme işleminin yarısında bir
   kez dikkatlice çevirin.

5. Marine edilmiş enginar kasesine salatayı ekleyin;
   kaplamak için yavaşça fırlatın. Izgara somon salatasını
   servis edin.

YEŞIL DOMATES SALSA ILE KAVRULMUŞ ŞILI ADAÇAYI SOMONU

EĞITIM:35 dakika soğuk: 2 ila 4 saat biftek: 10 dakika: 4 porsiyon

"FLASH-ROSTOING" TEKNIĞI IFADE EDERKURU BIR TAVAYI FIRINDA YÜKSEK ISIDA ISITMAK, BIRAZ YAĞ VE BALIK, TAVUK VEYA ET EKLEMEK (EMMEK!) VE ARDINDAN YEMEĞI FIRINDA BITIRMEK. HIZLI KIZARTMA, PIŞIRME SÜRESINI KISALTIR VE DIŞI LEZZETLI, ÇITIR BIR KABUK, IÇI ISE SULU, LEZZETLI BIR KABUK OLUŞTURUR.

SOMON

    4 5 ila 6 ons taze veya dondurulmuş somon filetosu

    3 yemek kaşığı zeytinyağı

    ¼ bardak ince doğranmış soğan

    2 diş sarımsak, temizlenmiş ve dilimlenmiş

    1 yemek kaşığı öğütülmüş kişniş

    1 çay kaşığı öğütülmüş kimyon

    2 çay kaşığı tatlı kırmızı biber

    1 çay kaşığı kurutulmuş kekik, ezilmiş

    ¼ çay kaşığı acı biber

    ⅓ bardak taze limon suyu

    1 yemek kaşığı doğranmış taze adaçayı

YEŞIL DOMATES SALSA

    1½ su bardağı doğranmış yeşil domates

    ⅓ su bardağı ince doğranmış kırmızı soğan

    2 yemek kaşığı taze doğranmış kişniş

1 jalapeno, çekirdekleri çıkarılmış ve doğranmış
    (bkz.İpuçları)
1 diş sarımsak, ince doğranmış
½ çay kaşığı öğütülmüş kimyon
¼ çay kaşığı biber tozu
2 ila 3 yemek kaşığı taze limon suyu

1. Donmuşsa balığı çözdürün. Balıkları durulayın; kağıt
   havluyla kurulayın. Balıkları bir kenara koyun.

2. Adaçayı ezmesi için küçük bir tencerede 1 yemek kaşığı
   zeytinyağı, soğan ve sarımsağı birleştirin. Kısık ateşte 1
   ila 2 dakika veya kokusu çıkana kadar pişirin. Kişniş ve
   kimyonu karıştırın; 1 dakika pişirin ve karıştırın.
   Kırmızı biber, kekik ve kırmızı biberi karıştırın; 1
   dakika pişirin ve karıştırın. Limon suyu ve adaçayı
   ekleyin; yaklaşık 3 dakika veya pürüzsüz bir macun
   oluşuncaya kadar pişirin ve karıştırın; Serin

3. Filetoların her iki tarafını da biber-adaçayı ezmesiyle
   fırçalamak için parmaklarınızı kullanın. Balıkları cam
   veya reaktif olmayan bir kaba koyun; plastik ambalajla
   sıkıca kapatın. 2 ila 4 saat buzdolabında saklayın.

4. Bu arada salsa için orta boy bir kapta domates, soğan,
   kişniş, jalapeno, sarımsak, kimyon ve kırmızı biber
   tozunu birleştirin. Birleştirmek için iyice karıştırın.
   Limon suyu serpin; örtmek için atın.

4. Plastik bir spatula kullanın ve somonun üzerinden
   mümkün olduğunca fazla macun kazıyın. Makarnayı
   atın.

5. Fırına çok büyük bir dökme demir tencere yerleştirin. Fırını 500°F'ye önceden ısıtın. Fırını tavayla birlikte önceden ısıtın.

6. Sıcak tavayı fırından çıkarın. Tavaya 1 yemek kaşığı zeytinyağı dökün. Tavanın tabanını yağla kaplamak için tavayı çevirin. Filetoları derili tarafı alta gelecek şekilde tavaya yerleştirin. Filetoların üstünü kalan 1 yemek kaşığı zeytinyağıyla fırçalayın.

7. Somonu yaklaşık 10 dakika veya çatalla test edildiğinde balık pul pul olmaya başlayana kadar pişirin. Balıkları salsayla birlikte servis edin.

PAPILLOTLARDA KIZARMIŞ SOMON VE KUŞKONMAZ, LIMON VE FINDIKLI PESTO ILE

EĞITIM:20 dakika biftek: 17 dakika: 4 porsiyon

"EN PAPILLOTE" PISIRMEK BASITÇE KAGIT ÜZERINDE YEMEK PISIRMEK ANLAMINA GELIR.BIRÇOK NEDENDEN DOLAYI YEMEK PISIRMENIN GÜZEL BIR YOLUDUR. BALIK VE SEBZELER PARSÖMEN PAKETINDE BUHARDA BUHARLASIR, SUYUNU, LEZZETINI VE BESIN MADDELERINI KORUR VE DAHA SONRA YIKANACAK TENCERE VE TAVA KALMAZ.

4 6 ons taze veya dondurulmuş somon filetosu

1 bardak gevşek paketlenmiş taze fesleğen yaprağı

1 bardak hafifçe paketlenmiş taze maydanoz yaprağı

½ bardak fındık, kızarmış*

5 yemek kaşığı zeytinyağı

1 çay kaşığı ince kıyılmış limon kabuğu

2 yemek kaşığı taze limon suyu

1 diş sarımsak, ince doğranmış

1 kilo ince kuşkonmaz, kesilmiş

4 yemek kaşığı kuru beyaz şarap

1. Somon donmuşsa çözdürün. Balıkları durulayın; kağıt havluyla kurulayın. Fırını 400°F'ye önceden ısıtın.

2. Pesto için fesleğen, maydanoz, fındık, zeytinyağı, limon kabuğu rendesi, limon suyu ve sarımsağı bir blender veya mutfak robotunda birleştirin. Örtün ve pürüzsüz hale gelinceye kadar karıştırın veya işleyin; yan tarafa koyun.

3. Parşömen kağıdından dört adet 12 inçlik kare kesin. Her paket için bir parşömen karenin ortasına bir somon fileto yerleştirin. Üstüne kuşkonmazın dörtte birini ve 2 ila 3 yemek kaşığı pestoyu ekleyin; üzerine 1 yemek kaşığı şarap serpin. Pişirme kağıdının iki karşıt tarafını alın ve balığın üzerine birkaç kez katlayın. Parşömenin uçlarını mühürlemek için katlayın. Üç paket daha yapmak için tekrarlayın.

4. 17 ila 19 dakika kadar veya çatalla test edildiğinde balık parçalanmaya başlayana kadar pişirin (pişip pişmediğini kontrol etmek için paketi dikkatlice açın).

*İpucu: Fındıkları kızartmak için fırını önceden 350°F'ye ısıtın. Cevizleri sığ bir pişirme kabına tek kat halinde yayın. 8 ila 10 dakika veya hafifçe kızarana kadar pişirin, eşit kahverengileşme için bir kez karıştırın. Fındıkları hafifçe soğutun. Sıcak cevizleri temiz bir mutfak havlusunun üzerine koyun; Gevşek cildi çıkarmak için bir havluyla ovalayın.

MANTAR VE ELMA SOSLU BAHARATLI SOMON

BÜTÜN BU SOMON FILETOSUÜZERINE SOTELENMIŞ MANTAR, ARPACIK SOĞANI, KIRMIZI KABUKLU ELMA DILIMLERI KONULARAK VE PARLAK YEŞIL ISPANAK YATAĞINDA SERVIS EDILEREK MISAFIRLERE SERVIS EDILEBILECEK ETKILEYICI BIR YEMEKTIR.

1 bütün somon filetosu, taze veya dondurulmuş, 1,5 kg, derisi açık

1 çay kaşığı rezene tohumu, ince doğranmış*

½ çay kaşığı kurutulmuş adaçayı, ezilmiş

½ çay kaşığı öğütülmüş kişniş

¼ çay kaşığı kuru hardal

¼ çay kaşığı karabiber

2 yemek kaşığı zeytinyağı

1½ bardak taze cremini mantarı, dörde bölünmüş

1 orta boy arpacık soğan, çok ince dilimlenmiş

1 küçük pişirme elması, dörde bölünmüş, çekirdeği çıkarılmış ve ince dilimlenmiş

¼ bardak sek beyaz şarap

4 su bardağı taze ıspanak

Küçük dal taze adaçayı (isteğe bağlı)

1. Somon donmuşsa çözdürün. Fırını 425°F'ye önceden ısıtın. Büyük bir fırın tepsisini pişirme kağıdıyla kaplayın; yan tarafa koyun. Balıkları durulayın; kağıt havluyla kurulayın. Somonu deri tarafı aşağı bakacak şekilde hazırlanan fırın tepsisine yerleştirin. Rezene tohumlarını, ½ çay kaşığı kurutulmuş adaçayı, kişniş,

hardal ve biberi küçük bir kasede birleştirin. Somonun üzerine eşit şekilde serpin; parmaklarınızla ovalayın.

2. Balığın kalınlığını ölçün. Somonu ½ inç kalınlık başına 4 ila 6 dakika veya çatalla test edildiğinde balık pul pul olmaya başlayana kadar kızartın.

3. Bu arada tava sosu için zeytinyağını büyük bir tavada orta ateşte ısıtın. Mantar ve arpacık soğanı ekleyin; 6 ila 8 dakika veya mantarlar yumuşayana ve ara sıra karıştırarak kahverengileşmeye başlayana kadar pişirin. Elma ekleyin; kapağını kapatıp pişirin ve 4 dakika daha karıştırın. Şarabı dikkatlice ekleyin. Kapağı açık olarak 2-3 dakika veya elma dilimleri yumuşayana kadar pişirin. Delikli bir kaşık kullanarak mantar karışımını orta boy kaseye aktarın; sıcak tutmak için örtün.

4. Ispanakları aynı tavada 1 dakika boyunca veya ıspanaklar solana kadar sürekli karıştırarak pişirin. Ispanakları dört servis tabağına paylaştırın. Somon filetoyu dört eşit parçaya bölün, derisini kesip değil. Somon kısımlarını deriden çıkarmak için büyük bir spatula kullanın; Her tabağa bir parça somonu ıspanağın üzerine koyun. Mantar karışımını somonun üzerine eşit şekilde yayın. İstenirse taze adaçayı ile süslenebilir.

*İpucu: Rezene tohumlarını ince bir şekilde ezmek için havan ve havaneli veya baharat öğütücü kullanın.

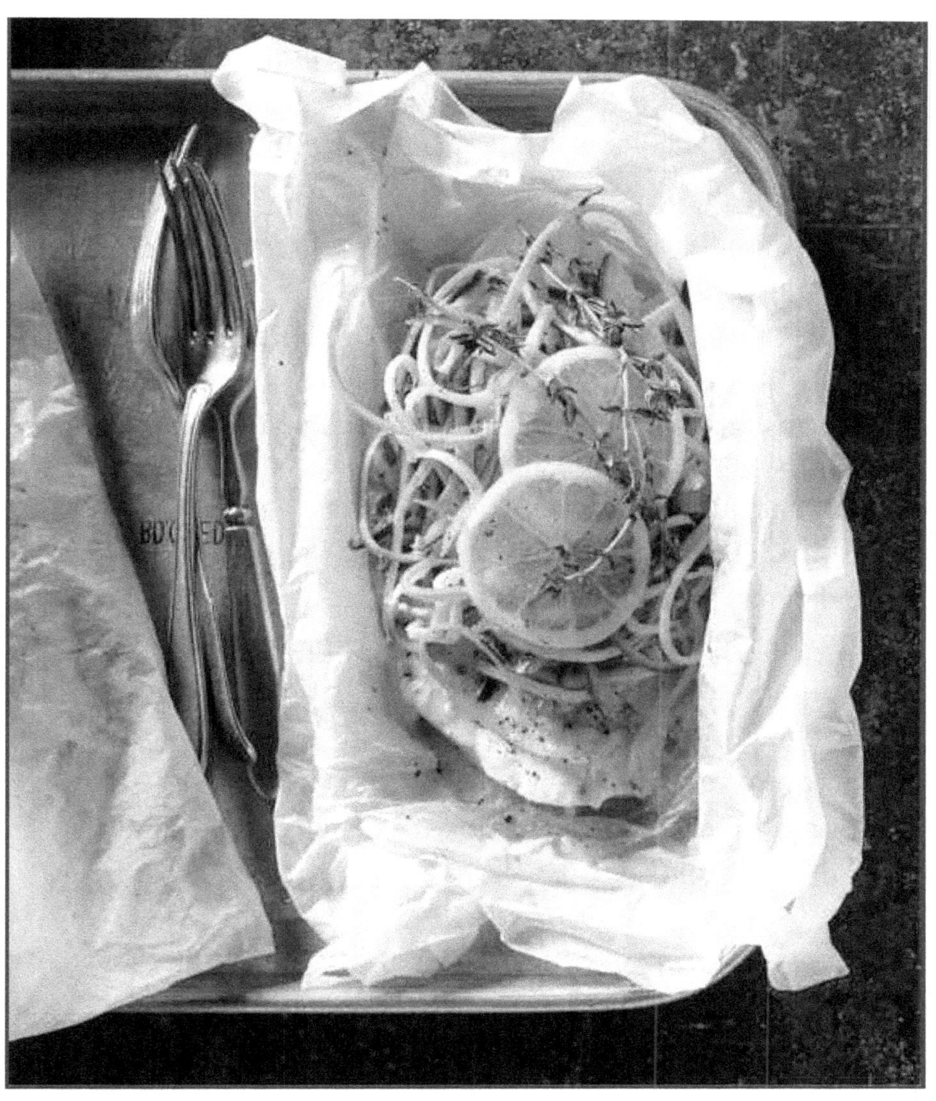

JÜLYEN SEBZELI SOLE EN PAPILLOTE

EĞITIM:30 dakika pişirme: 12 dakika: 4 porsiyon<u>RESIM</u>

KESINLIKLE SEBZELERI JÜLYEN YAPABILIRSINIZIYI VE
KESKIN BIR ŞEF BIÇAĞIYLA YAPILABILIR AMA ÇOK ZAMAN
ALIR. JULIENNE SOYUCU (BKZ.<u>"TEÇHIZAT"</u>) UZUN, INCE,
TUTARLI SEKILLI SEBZE SERITLERI OLUSTURMAYI
HIZLANDIRIR.

4 6 ons taze veya dondurulmuş dil balığı, pisi balığı veya
diğer sert beyaz balık filetosu

1 kabak, jülyen kesilmiş

1 büyük havuç, ince doğranmış

½ kırmızı soğan, ince doğranmış

2 Roma domatesi, çekirdekleri çıkarılmış ve ince doğranmış

2 diş sarımsak, kıyılmış

1 yemek kaşığı zeytinyağı

½ çay kaşığı karabiber

1 limon, 8 ince dilime kesilmiş, çekirdekleri çıkarılmış

8 dal taze kekik

4 çay kaşığı zeytinyağı

¼ bardak sek beyaz şarap

1. Donmuşsa balığı çözdürün. Fırını 375°F'ye önceden ısıtın.
Büyük bir kapta kabak, havuç, soğan, domates ve
sarımsağı birleştirin. 1 yemek kaşığı zeytinyağı ve ¼
çay kaşığı biber ekleyin; birleştirmek için iyice
karıştırın. Sebzeleri bir kenara koyun.

2. Parşömen kağıdından dört adet 14 inç kare kesin.
Balıkları durulayın; kağıt havluyla kurulayın. Her

karenin ortasına bir sekme yerleştirin. Kalan ¼ çay kaşığı biberi serpin. Sebzeleri, limon dilimlerini ve kekik dallarını filetoların üzerine eşit şekilde paylaştırın. Her yığına 1 çay kaşığı zeytinyağı ve 1 yemek kaşığı beyaz şarap gezdirin.

3. Her seferinde bir paketle çalışarak, pişirme kağıdının karşılıklı iki tarafını kaldırın ve balığın üzerine birkaç kez katlayın. Parşömenin uçlarını mühürlemek için katlayın.

4. Paketleri büyük bir fırın tepsisine dizin. Yaklaşık olarak pişirin. 12 dakika veya çatalla test edildiğinde balık pul pul olmaya başlayana kadar (pişip pişmediğini kontrol etmek için paketi dikkatlice açın).

5. Servis yapmak için her paketi bir tabağa koyun; paketleri dikkatlice açın.

DUMANLI LIMON KREMALI ROKA PESTO BALIK TACOS

EĞITIM:30 dakikalık ızgara: ½ inç kalınlık başına 4 ila 6 dakika, şu anlama gelir: 6 porsiyon

KODU TABANLA DEĞIŞTIREBILIRSINIZ- SADECE TILAPIA DEĞIL. NE YAZIK KI TILAPIA BALIKLAR IÇIN EN KÖTÜ SEÇENEKLERDEN BIRIDIR. NEREDEYSE EVRENSEL OLARAK ÇIFTLIKLERDE YETIŞTIRILIYOR VE ÇOĞU ZAMAN BERBAT KOŞULLAR ALTINDA; DOLAYISIYLA TILAPIA NEREDEYSE HER YERDE BULUNSA DA BUNDAN KAÇINILMALIDIR.

4 4 ila 5 onsluk dil filetosu, taze veya dondurulmuş, yaklaşık ½ inç kalınlığında

1 roket pesto tarifi (bkz.<u>yemek tarifi</u>)

½ fincan kaju kreması (bkz.<u>yemek tarifi</u>)

1 çay kaşığı füme baharat (bkz.<u>yemek tarifi</u>)

½ çay kaşığı ince rendelenmiş limon kabuğu

12 marul yaprağı

1 olgun avokado, ikiye bölünmüş, çekirdeksiz, soyulmuş ve ince dilimlenmiş

1 su bardağı doğranmış domates

¼ fincan taze doğranmış kişniş

1 limon, dilimlenmiş

1. Donmuşsa balığı çözdürün. Balıkları durulayın; kağıt havluyla kurulayın. Balıkları bir kenara koyun.

2. Balığın her iki tarafına da biraz roka pesto sürün.

3. Kömürlü veya gazlı ızgara için, balığı doğrudan orta ateşte yağlanmış bir ızgaraya yerleştirin. Kapağını kapatıp 4 ila 6 dakika veya çatalla test edildiğinde balık

pulları çıkana kadar pişirin, pişirme işleminin yarısında
bir kez çevirin.

4. Bu arada Dumanlı Limon Kreması için küçük bir kasede
kaju kremasını, dumanlı baharatları ve limon kabuğu
rendesini çırpın.

5. Bir çatal kullanarak balığı parçalara ayırın. Tereyağ
tabakalarını balık, avokado dilimleri ve domatesle
doldurun; kişniş serpin. Tacoları Dumanlı Limon
Kreması ile gezdirin. Taco'nun üzerine sıkmak için
limon dilimleri ile servis yapın.

BADEM KABUKLU TABAN

EĞITIM:15 dakika pişirme: 3 dakika: 2 porsiyon

SADECE BIRAZ BADEM UNUSON DERECE ÇABUK PIŞEN,
TAVADA KIZARTILAN BU BALIĞIN ÜZERINDE GÜZEL BIR
KABUK OLUŞUYOR, KREMALI TURŞU MAYONEZ VE BIR TUTAM
TAZE LIMONLA SERVIS EDILIYOR.

12 gram taze veya dondurulmuş dil filetosu

1 yemek kaşığı limon ve bitki baharatı (bkz._yemek tarifi_)

¼ ila ½ çay kaşığı karabiber

⅓ su bardağı badem unu

2 ila 3 yemek kaşığı zeytinyağı

¼ bardak Paleo Mayo (bkz._yemek tarifi_)

1 çay kaşığı taze doğranmış dereotu

Limon çarkı

1. Donmuşsa balığı çözdürün. Balıkları durulayın; kağıt
   havluyla kurulayın. Küçük bir kasede limon ve bitki
   baharatlarını ve biberi karıştırın. Filetoların her iki
   tarafını da baharat karışımıyla fırçalayın ve yapışması
   için hafifçe bastırın. Badem ununu geniş bir tabağa
   yayın. Her filetonun bir tarafını badem unu ile toz
   haline getirin ve yapışması için hafifçe bastırın.

2. Orta-yüksek ateşte, tavayı kaplayacak kadar büyük bir
   tavada yeterince yağı ısıtın. Balıkları, kaplanmış
   tarafları aşağı bakacak şekilde ekleyin. 2 dakika pişirin.
   Balığı dikkatlice çevirin; yaklaşık 1 dakika daha uzun
   süre veya çatalla test edildiğinde balık pul pul olmaya
   başlayana kadar pişirin.

3. Sos için Paleo Mayo ve dereotunu küçük bir kasede
birleştirin. Balıkları sos ve limon dilimleri ile servis
edin.

BAHARATLI MANGO FESLEĞEN SOSLU IZGARA MORINA VE KABAK PAKETLERI

1 ila 1½ pound taze veya dondurulmuş morina, ½ ila 1 inç kalınlığında

4 adet 24" uzunluğunda, 12" genişliğinde folyo

1 orta boy kabak, jülyen şeritler halinde kesilmiş

Limon otu baharatı (bkz.<u>yemek tarifi</u>)

¼ fincan Chipotle Paleo Mayo (bkz.<u>yemek tarifi</u>)

1 ila 2 yemek kaşığı olgun mango püresi*

1 yemek kaşığı taze limon veya limon suyu veya pirinç şarabı sirkesi

2 yemek kaşığı taze doğranmış fesleğen

1. Donmuşsa balığı çözdürün. Balıkları durulayın; kağıt havluyla kurulayın. Balıkları dört porsiyon boyutunda kesin.

2. Her bir folyo parçasını 12 inçlik çift kare elde etmek için ikiye katlayın. Bir parça balığı bir kare folyonun ortasına yerleştirin. Kabağın dörtte birini kaplayın. Üzerine limon baharatı ve otlar serpin. Folyonun iki karşıt tarafını alın ve kabak ve balığın üzerine birkaç kez katlayın. Folyonun uçlarını katlayın. Üç paket daha yapmak için tekrarlayın. Sos için Chipotle Paleo Mayo, mango, limon suyu ve fesleğeni küçük bir kasede birleştirin; yan tarafa koyun.

3. Kömürlü veya gazlı ızgara için paketleri doğrudan orta ateşteki yağlı ızgaraya yerleştirin. Kapağını kapatın ve 6 ila 9 dakika kadar veya balık pulları çatalla test

edildiğinde ve kabak gevrek ve yumuşak oluncaya kadar pişirin (pişip pişmediğini kontrol etmek için paketi dikkatlice açın). Izgara yaparken paketleri ters çevirmeyin. Her porsiyonu sosla kaplayın.

*İpucu: Mango püresi için ¼ bardak doğranmış mango ve 1 yemek kaşığı suyu bir karıştırıcıda birleştirin. Örtün ve pürüzsüz olana kadar karıştırın. Kalan mango püresini bir smoothie'ye ekleyin.

PESTO DOLGULU DOMATESLI RIESLING HAŞLANMIŞ MORINA

EĞITIM:30 dakika pişirme süresi: 10 dakika verim: 4 porsiyon

1 ila 1½ pound taze veya dondurulmuş morina filetosu,
   yaklaşık 1 inç kalınlığında

4 adet Roma domatesi

3 yemek kaşığı fesleğen pesto (bkz.yemek tarifi)

¼ çay kaşığı öğütülmüş karabiber

1 su bardağı kuru Riesling veya Sauvignon Blanc

1 dal taze kekik veya ½ çay kaşığı kurutulmuş kekik, ezilmiş

1 defne yaprağı

½ bardak su

2 yemek kaşığı doğranmış yeşil çay

Limon çarkı

1. Donmuşsa balığı çözdürün. Domatesleri yatay olarak
   ikiye bölün. Tohumları ve etin bir kısmını çıkarın.
   (Domatesin düz durması gerekiyorsa, alt kısmında delik
   açmamaya dikkat ederek ucundan çok ince bir dilim
   kesin.) Domatesin her yarısına biraz pesto dökün; kırık
   biber serpin; yan tarafa koyun.

2. Balığı durulayın; kağıt havluyla kurulayın. Balıkları dört
   parçaya bölün. Sıkı oturan bir kapağı olan büyük bir
   tavaya buharlı pişirici yerleştirin. Tavaya yaklaşık ½ inç
   su ekleyin. Kaynamak; ısıyı orta seviyeye düşürün.
   Domatesleri kesilmiş tarafı yukarı bakacak şekilde
   sepete yerleştirin. Kapağı kapatın ve 2 ila 3 dakika veya
   tamamen ısıtılıncaya kadar buharlayın.

3. Domatesleri bir tabağa çıkarın; sıcak tutmak için örtün.
   Buhar sepetini tavadan çıkarın; suyu atın. Tavaya şarap,

kekik, defne yaprağı ve ½ bardak su ekleyin. Kaynamak; ısıyı orta-düşük seviyeye düşürün. Balıkları ve yeşil çayı ekleyin. Kapağı kapalı olarak 8 ila 10 dakika veya çatalla test edildiğinde balık pul pul olmaya başlayana kadar pişirin.

4. Balığın üzerine biraz haşlama sıvısı dökün. Balıkları pesto dolgulu domates ve limon dilimleri ile servis edin.

EZILMIŞ TATLI PATATES ÜZERINE FISTIK KABUĞU, KIŞNIŞ VE KIZARMIŞ MORINA BALIĞI

EĞITIM:20 dakika Pişirme: 10 dakika Pişirme: ½ inç kalınlık başına 4 ila 6 dakika Yapılışı: 4 porsiyon

1 ila 1½ kilo taze veya dondurulmuş morina

Zeytinyağı veya rafine edilmiş hindistancevizi yağı

2 yemek kaşığı öğütülmüş antep fıstığı, ceviz veya badem

1 yumurta beyazı

½ çay kaşığı ince rendelenmiş limon kabuğu

1½ kg tatlı patates, soyulmuş ve parçalara ayrılmış

2 diş sarımsak

1 yemek kaşığı hindistancevizi yağı

1 yemek kaşığı taze rendelenmiş zencefil

½ çay kaşığı öğütülmüş kimyon

¼ bardak hindistan cevizi sütü (Nature's Way gibi)

4 çay kaşığı kişniş pesto veya fesleğen pesto (bkz.<u>reçete</u>)

1. Donmuşsa balığı çözdürün. Broileri önceden ısıtın. Broyler tavasındaki yağ rafı. Öğütülmüş cevizi, yumurta aklarını ve limon kabuğu rendesini küçük bir kapta birleştirin; yan tarafa koyun.

2. Tatlı patates püresi için, tatlı patatesleri ve sarımsağı orta boy bir tencerede, üzerini kaplayacak kadar kaynar suda 10 ila 15 dakika veya yumuşayana kadar pişirin. sızıntı; tatlı patatesleri ve sarımsakları tencereye koyun. Tatlı patatesleri patates eziciyle ezin. 1 yemek kaşığı hindistancevizi yağı, zencefil ve kimyonu karıştırın. Hindistan cevizi sütünü hafif ve kabarık olana kadar çırpın.

3. Balığı durulayın; kağıt havluyla kurulayın. Balıkları dörde
   bölün ve bir piliç tavasında hazırlanmış, ısıtılmamış rafa
   yerleştirin. İnce kenarların altına sıkıştırın. Her parçayı
   kişniş pesto ile fırçalayın. Fındık karışımını pestonun
   üzerine koyun ve dikkatlice yayın. Balıkları 4 inç
   sıcaklıkta ½ inç kalınlık başına 4 ila 6 dakika boyunca
   veya bir çatalla test edildiğinde balık pul pul olmaya
   başlayana kadar kızartın, kaplama yanmaya başlarsa
   pişirme sırasında folyo ile kaplayın. Balıkları tatlı
   patatesle servis edin.

KAVRULMUŞ BROKOLI ILE BIBERIYE MANDALINA MORINA

EĞITIM:15 dakika Marine etme: 30 dakikaya kadar Pişirme: 12 dakika Yapılışı: 4 porsiyon

1 ila 1½ kilo taze veya dondurulmuş morina

1 çay kaşığı ince kıyılmış mandalina kabuğu

½ bardak taze mandalina veya portakal suyu

4 yemek kaşığı zeytinyağı

2 çay kaşığı taze doğranmış biberiye

¼ ila ½ çay kaşığı ezilmiş karabiber

1 çay kaşığı ince kıyılmış mandalina kabuğu

3 su bardağı brokoli çiçeği

¼ çay kaşığı öğütülmüş kırmızı biber

Mandalina dilimleri, çekirdekleri çıkarılmış

1. Fırını 450°F'ye önceden ısıtın. Balık donmuşsa çözdürün. Balıkları durulayın; kağıt havluyla kurulayın. Balıkları dört porsiyon boyutunda kesin. Balığın kalınlığını ölçün. Sığ bir kapta mandalina kabuğu rendesi, mandalina suyu, 2 yemek kaşığı zeytinyağı, biberiye ve karabiberi birleştirin; balık ekleyin. Kapağını kapatıp buzdolabında 30 dakika kadar marine edin.

2. Büyük bir kapta brokoliyi, kalan 2 yemek kaşığı zeytinyağı ve ezilmiş kırmızı biberle birlikte atın. 2 litrelik fırına dayanıklı bir kaba yerleştirin.

3. Sığ bir kızartma tavasını hafifçe ekstra zeytinyağıyla fırçalayın. Balıkları boşaltın, turşuyu saklayın. Balıkları ince kenarların altına saklayarak tavaya yerleştirin. Balıkları ve brokolileri fırına koyun. Brokolileri 12 ila 15 dakika veya gevrekleşinceye kadar kızartın, pişirme

işleminin yarısında bir kez karıştırın. Balıkları, balığın her ½ inç kalınlığı başına 4 ila 6 dakika veya çatalla test edildiğinde balık gevşemeye başlayana kadar kızartın.

4. Ayrılmış turşuyu küçük bir tencerede kaynatın; 2 dakika pişirin. Pişen balığın üzerine marine sosunu gezdirin. Balıkları brokoli ve mandalina dilimleri ile servis edin.

KÖRI TURŞULU YEŞIL MORINA SALATASI PAKETI

EĞITIM:20 dakika ayakta: 20 dakika hazırlama: 6 dakika yapım: 4 porsiyon<u>RESIM</u>

1 kg taze veya dondurulmuş morina filetosu

6 turp, iri doğranmış

6 ila 7 yemek kaşığı elma sirkesi

½ çay kaşığı toz kırmızı biber

2 yemek kaşığı rafine edilmemiş hindistancevizi yağı

¼ bardak badem ezmesi

1 diş sarımsak, ince doğranmış

2 çay kaşığı ince rendelenmiş zencefil

2 yemek kaşığı zeytinyağı

1½ ila 2 çay kaşığı tuzsuz köri tozu

4 ila 8 marul yaprağı veya marul yaprağı

1 tatlı kırmızı biber, jülyen şeritler halinde kesilmiş

2 yemek kaşığı taze doğranmış kişniş

1. Donmuşsa balığı çözdürün. Orta boy bir kapta turpları, 4 yemek kaşığı sirkeyi ve ¼ çay kaşığı ezilmiş kırmızı biberi birleştirin; ara sıra karıştırarak 20 dakika bekletin.

2. Badem ezmesi sosu için hindistancevizi yağını küçük bir tencerede kısık ateşte eritin. Badem ezmesini pürüzsüz hale gelinceye kadar karıştırın. Sarımsak, zencefil ve ¼ çay kaşığı ezilmiş kırmızı biberi karıştırın. Ateşten alın. Kalan 2 ila 3 yemek kaşığı elma sirkesini ekleyin, pürüzsüz hale gelinceye kadar karıştırın; yan tarafa koyun. (Sirke eklenince sos biraz koyulaşacaktır.)

3. Balığı durulayın; kağıt havluyla kurulayın. Zeytinyağını
   ısıtın ve büyük bir tavada orta ateşte köri yapın. Balık
   ekleyin; 3 ila 6 dakika veya balık çatalla test edildiğinde
   pul pul olmaya başlayana kadar pişirin, pişirme
   işleminin yarısında bir kez çevirin. İki çatal kullanın ve
   balıkları kabaca soyun.

4. Turpları boşaltın; turşuyu atın. Her marul yaprağına
   balığı, kırmızı biber şeritlerini, turp karışımını ve
   badem ezmesi sosunu dökün. Kişniş serpin. Yaprağı
   dolgunun etrafına sarın. İstenirse ambalajları tahta
   kürdanlarla sabitleyin.

LIMON VE REZENE ILE KIZARMIŞ MEZGIT BALIĞI

EĞITIM:25 dakika pişirme: 50 dakika yapım: 4 porsiyon

MEZGIT BALIĞI, POLLOCK VE MORINA BALIĞININ HEPSINDE VARSERT BEYAZ ET HAFIF AROMALIDIR. BUNLAR, PIŞMIŞ BALIK VE SEBZELERLE OTLAR VE ŞARAPTAN OLUŞAN BU BASIT YEMEK DE DAHIL OLMAK ÜZERE ÇOĞU TARIFTE DEĞIŞTIRILEBILIR.

Yaklaşık ½ inç kalınlığında 4 adet taze veya dondurulmuş 6 onsluk mezgit balığı, pollack veya morina filetosu

1 büyük rezene ampulü, gevşetilmiş ve kesilmiş, yaprakları ayrılmış ve doğranmış

4 orta boy havuç, dikey olarak ikiye bölünmüş ve 2 ila 3 inç uzunluğunda parçalar halinde kesilmiş

1 kırmızı soğan, yarıya bölünmüş ve dilimlenmiş

2 diş sarımsak, kıyılmış

1 limon, ince dilimlenmiş

3 yemek kaşığı zeytinyağı

½ çay kaşığı karabiber

¾ bardak sek beyaz şarap

2 yemek kaşığı ince kıyılmış taze maydanoz

2 yemek kaşığı doğranmış taze rezene yaprağı

2 çay kaşığı ince kıyılmış limon kabuğu rendesi

1. Donmuşsa balığı çözdürün. Fırını 400°F'ye önceden ısıtın. Rezene, havuç, soğan, sarımsak ve limon dilimlerini 3 litrelik dikdörtgen bir tencerede birleştirin. Üzerine 2 yemek kaşığı zeytinyağı gezdirin ve ¼ çay kaşığı biber serpin; örtmek için atın. Şarabı tabağa dökün. Kaseyi folyo ile örtün.

2. 20 dakika pişirin. Keşfetmek; sebze karışımını karıştırın. 15 ila 20 dakika daha veya sebzeler gevrek ve yumuşak oluncaya kadar kızartın. Sebze karışımını karıştırın. Balıkların üzerine kalan ¼ çay kaşığı biber serpin; Balıkları sebze karışımının üzerine yerleştirin. Kalan 1 yemek kaşığı zeytinyağını gezdirin. Yaklaşık 8 ila 10 dakika kadar veya çatalla test edildiğinde balık pul pul olmaya başlayana kadar pişirin.

3. Maydanozu, rezene yapraklarını ve limon kabuğu rendesini küçük bir kasede karıştırın. Servis yapmak için balık ve sebze karışımını servis tabaklarına paylaştırın. Bir kaşık dolusu meyve suyuyla balık ve sebzelerin üzerine. Maydanoz karışımını üzerine serpin.

CAJUN BAMYA VE DOMATES REMOULADE ILE CEVIZLI KABUKLU SNAPPER

EĞITIM:1 saat pişirme: 10 dakika pişirme: 8 dakika: 4 porsiyon

BU BALIK YEMEĞİ ARKADAŞLIĞA DEĞERYAPIMI BIRAZ ZAMAN ALIYOR AMA ZENGIN TATLARI BUNA DEĞER. HARDAL, LIMON VE CAJUN ILE TATLANDIRILMIŞ, DOĞRANMIŞ KIRMIZI BIBER, YEŞIL SOĞAN VE MAYDANOZLA YAPILAN MAYONEZ BAZLI BIR SOS OLAN REMOULADE, BIR GÜN ÖNCEDEN HAZIRLANIP BUZDOLABINDA SAKLANABILIR.

4 yemek kaşığı zeytinyağı

½ su bardağı ince kıyılmış ceviz

2 yemek kaşığı kıyılmış taze maydanoz

1 yemek kaşığı taze doğranmış kekik

2 8 ons kırmızı fileto, ½ inç kalınlığında

4 çay kaşığı Cajun baharatı (bkz.<u>yemek tarifi</u>)

½ su bardağı doğranmış soğan

½ bardak doğranmış yeşil biber

½ bardak doğranmış kereviz

1 yemek kaşığı ince kıyılmış sarımsak

1 pound taze bamya kabuğu, 1 inç kalınlığında dilimler halinde kesilmiş (veya taze kuşkonmaz, 1 inç uzunluklarda kesilmiş)

8 gram üzüm veya kiraz domates, ikiye bölünmüş

2 çay kaşığı taze doğranmış kekik

Karabiber

Rémoulade (sağdaki tarife bakın)

1. 1 yemek kaşığı zeytinyağını orta boy bir tavada orta ateşte ısıtın. Cevizleri ekleyin ve sık sık karıştırarak yaklaşık 5 dakika veya altın rengi ve hoş kokulu olana kadar kızartın. Cevizleri küçük bir kaseye aktarın ve soğumaya bırakın. Maydanoz ve kekiği ekleyip bir kenara koyun.

2. Fırını 400°F'ye önceden ısıtın. Bir fırın tepsisini pişirme kağıdı veya folyo ile hizalayın. Snapper filetolarını deri tarafı aşağı bakacak şekilde fırın tepsisine yerleştirin ve her birine 1 çay kaşığı Cajun baharatı serpin. Bir hamur fırçası kullanın ve filetoların üzerine 2 yemek kaşığı zeytinyağı sürün. Ceviz karışımını filetoların arasına eşit şekilde yayın, cevizleri balık yüzeyine hafifçe bastırarak yapışmalarını sağlayın. Mümkünse balık filetosunun açıkta kalan kısımlarını cevizle kaplayın. Balıkları 8 ila 10 dakika kadar veya bıçağın ucuyla kolayca pul pul dökülene kadar pişirin.

3. Geriye kalan 1 yemek kaşığı zeytinyağını büyük bir tavada orta-yüksek ateşte ısıtın. Soğan, kırmızı biber, kereviz ve sarımsak ekleyin. 5 dakika veya sebzeler gevrek ve yumuşak oluncaya kadar pişirin ve karıştırın. Dilimlenmiş bamyayı (veya kullanıyorsanız kuşkonmazı) ve domatesleri ekleyin; 5 ila 7 dakika veya bamya yumuşayana ve çıtır olana ve domatesler çatlamaya başlayana kadar pişirin. Ateşten alıp kekik ve karabiberle tatlandırın. Sebzeleri snapper ve Rémoulade ile birlikte servis edin.

Remoulade: ½ su bardağı doğranmış kırmızı biber, ¼ su bardağı doğranmış yeşil çay ve 2 yemek kaşığı ince kıyılmış taze maydanozu mutfak robotunda çekin. ¼ bardak Paleo Mayo ekleyin (bkz.<u>yemek tarifi</u>), ¼ fincan Dijon usulü hardal (bkz.<u>yemek tarifi</u>), 1½ çay kaşığı limon suyu ve ¼ çay kaşığı Cajun baharatı (bkz.<u>yemek tarifi</u>). Darbe birleştirildi. Servis kasesine aktarın ve servis yapana kadar soğutun. (Remoulade 1 gün önceden yapılıp soğutulabilir.)

AVOKADO-LIMONLU AIOLI ILE TARHUN TON BALIĞI BIFTEĞI

EĞITIM:25 dakika pişirme süresi: 6 dakika: 4 porsiyon<u>RESIM</u>

SOMONLA BIRLIKTE TON BALIĞI DA BIRINCE KIYILARAK HAMBURGER HALINE GETIRILEBILEN ENDER BALIK TÜRLERINDEN BIRI. TON BALIĞINI MUTFAK ROBOTUNDA AŞIRI IŞLEMEMEYE DIKKAT EDIN; AŞIRI IŞLEME ONU ZORLAŞTIRIR.

1 kilo derisiz taze veya dondurulmuş ton balığı filetosu

1 yumurta beyazı, hafifçe çırpılmış

¾ bardak öğütülmüş altın keten tohumu küspesi

1 yemek kaşığı taze doğranmış tarhun veya dereotu

2 yemek kaşığı taze doğranmış frenk soğanı

1 çay kaşığı ince kıyılmış limon kabuğu

2 yemek kaşığı keten tohumu yağı, avokado yağı veya zeytinyağı

1 orta boy avokado, çekirdeksiz

3 yemek kaşığı Paleo Mayo (bkz.<u>yemek tarifi</u>)

1 çay kaşığı ince kıyılmış limon kabuğu

2 çay kaşığı taze limon suyu

1 diş sarımsak, ince doğranmış

4 gram bebek ıspanak (yaklaşık 4 bardak sıkıca paketlenmiş)

⅓ fincan kavrulmuş sarımsaklı sos (bkz.<u>yemek tarifi</u>)

1 Granny Smith elması, çekirdeği çıkarılmış ve kibrit çöpü büyüklüğünde parçalar halinde kesilmiş

¼ fincan kıyılmış kavrulmuş fındık (bkz.<u>İpuçları</u>)

1. Donmuşsa balığı çözdürün. Balıkları durulayın; kağıt havluyla kurulayın. Balıkları 1½ inçlik parçalar halinde

kesin. Balıkları bir mutfak robotuna yerleştirin; ince bir şekilde doğranana kadar darbeyi açın/kapatın. (Fazla pişirmemeye dikkat edin yoksa daha sert olursunuz.) Balıkları bir kenara koyun.

2. Orta boy bir kapta yumurta aklarını, ¼ fincan keten tohumu küspesini, tarhun, frenk soğanı ve limon kabuğu rendesini birleştirin. Balık ekleyin; birleştirmek için yavaşça karıştırın. Balık karışımını dört adet ½ inç kalınlığında köfteler halinde şekillendirin.

3. Kalan ½ fincan keten tohumu küspesini sığ bir kaseye koyun. Köfteleri keten tohumu karışımına batırın ve eşit şekilde kaplayacak şekilde çevirin.

4. Yağı çok büyük bir tavada orta ateşte ısıtın. Ton balığı köftelerini sıcak yağda 6 ila 8 dakika boyunca veya köftelerin içine yatay olarak yerleştirilen bir termometre 160°F'yi kaydedene kadar, pişirme işleminin yarısında bir kez çevirerek pişirin.

5. Bu arada, aïoli için orta boy bir kasede çatal kullanarak avokadoyu ezin. Paleo Mayo, limon kabuğu rendesi, limon suyu ve sarımsağı ekleyin. İyice birleşene ve neredeyse pürüzsüz olana kadar karıştırın.

6. Ispanağı orta boy bir kaseye yerleştirin. Ispanakları kavrulmuş sarımsaklı sosla karıştırın; örtmek için atın. Her porsiyon için bir ton balığı köftesi ve ıspanağın dörtte birini servis tabağına koyun. Ton balığını biraz aïoli ile kaplayın. Ispanağı elma ve cevizle süsleyin. Derhal servis yapın.

ÇIZGILI BAS TAGINE

EĞITIM:50 dakika soğutma: 1 ila 2 saat pişirme: 22 dakika
pişirme: 25 dakika verim: 4 porsiyon

BIR TAGINE ADIDIRHEM BIR KUZEY AFRIKA YEMEĞI (BIR TÜR
GÜVEÇ) HEM DE IÇINDE PIŞIRILDIĞI KÜLAH ŞEKLINDEKI
TENCERE.EĞER YOKSA ÜSTÜ KAPALI BIR PIŞIRME KABI ÇOK
IŞE YARAR. CHERMOULA, ÇOĞUNLUKLA BALIKLAR IÇIN
MARINE OLARAK KULLANILAN KALIN BIR KUZEY AFRIKA
BITKISEL MACUNUDUR. BU RENKLI BALIK YEMEĞINI TATLI
PATATES PÜRESI VEYA KARNABAHAR ILE SERVIS EDIN.

4 adet 6 ons çizgili levrek veya pisi balığı filetosu, derisi açık

1 demet kişniş, doğranmış

1 çay kaşığı ince rendelenmiş limon kabuğu rendesi (bir
kenara koyun)

¼ bardak taze limon suyu

4 yemek kaşığı zeytinyağı

5 diş sarımsak, kıyılmış

4 çay kaşığı öğütülmüş kimyon

2 çay kaşığı tatlı kırmızı biber

1 çay kaşığı öğütülmüş kişniş

¼ çay kaşığı öğütülmüş anason

1 büyük soğan, soyulmuş, yarıya bölünmüş ve ince
dilimlenmiş

1 15 onsluk tuz eklenmemiş ateşle doğranmış kavrulmuş
domates, süzülmemiş

½ bardak tavuk kemik suyu (bkz.yemek tarifi) veya tuzsuz
tavuk suyu

1 büyük sarı dolmalık biber, tohumlanmış ve ½ inçlik
    şeritler halinde kesilmiş

1 büyük turuncu dolmalık biber, çekirdekleri çıkarılmış ve
    ½ inçlik şeritler halinde kesilmiş

1. Donmuşsa balığı çözdürün. Balıkları durulayın; kağıt
   havluyla kurulayın. Balık filetolarını metal olmayan, sığ
   bir kızartma tepsisine yerleştirin. Balıkları bir kenara
   koyun.

2. Chermoula için kişniş, limon suyu, 2 yemek kaşığı
   zeytinyağı, 4 diş kıyılmış sarımsak, kimyon, kırmızı
   biber, kişniş ve anasonu bir blender veya küçük mutfak
   robotunda birleştirin. Örtün ve pürüzsüz olana kadar
   işleyin.

3. Chermoula'nın yarısından fazlasını balığı her iki tarafını
   kaplayacak şekilde çevirin. Örtün ve 1 ila 2 saat
   soğutun. Kalan chermoula ile üstte; ihtiyaç duyulana
   kadar oda sıcaklığında bırakın.

4. Fırını 325°F'ye önceden ısıtın. Geriye kalan 2 yemek
   kaşığı yağı büyük bir tavada orta-yüksek ateşte ısıtın.
   Soğan ekleyin; 4 ila 5 dakika veya yumuşayana kadar
   pişirin ve karıştırın. Kalan 1 diş kıyılmış sarımsağı
   karıştırın; 1 dakika pişirin ve karıştırın. Ayrılmış
   chermoula, domates, tavuk kemik suyu, kırmızı biber
   şeritleri ve limon kabuğu rendesini ekleyin. Kaynamak;
   ısıyı azaltın. 15 dakika kadar ağzı açık pişirin. İstenirse
   karışımı tagine aktarın; tabağın üzerine balığı ve kalan
   chermoula'yı ekleyin. Kapak; 25 dakika pişirin. Derhal
   servis yapın.

SARIMSAK SOSLU HALIBUT VE SOFFRITO YEŞILLIKLI KARIDES

EĞITIM:30 dakika pişirme süresi: 19 dakika: 4 porsiyon

HALIBUTUN BIRÇOK FARKLI KAYNAĞI VE TÜRÜ VARDIR.VE ÇOK FARKLI KALITEDE OLABILIRLER VE ÇOK FARKLI KOŞULLAR ALTINDA AVLANABILIRLER. BALIĞIN RAF ÖMRÜ, YAŞADIĞI ORTAM VE YETIŞTIRILDIĞI/AVLANDIĞI KOŞULLAR, HANGI BALIĞIN TÜKETIM IÇIN IYI BIR SEÇIM OLDUĞUNU BELIRLEYEN FAKTÖRLERDIR. MONTEREY KÖRFEZI AKVARYUMU WEB SITESINI ZIYARET EDIN (WWW.SEAFOODWATCH.ORG) HANGI BALIĞIN YENMESI VE HANGISINDEN KAÇINILMASI GEREKTIĞI HAKKINDA EN SON BILGILER IÇIN.

Yaklaşık 1 inç kalınlığında 4 adet taze veya dondurulmuş 6 onsluk halibut filetosu

Karabiber

6 yemek kaşığı sızma zeytinyağı

½ su bardağı ince doğranmış soğan

¼ bardak doğranmış kırmızı dolmalık biber

2 diş sarımsak, kıyılmış

¾ çay kaşığı füme kırmızı biber

½ çay kaşığı taze doğranmış kekik

4 bardak kara lahana, sapları kesilmiş, ¼ inç kalınlığında şeritler halinde kesilmiş (yaklaşık 12 ons)

⅓ bardak su

8 gram orta boy karides, soyulmuş, kabuğu çıkarılmış ve iri doğranmış

4 diş sarımsak, ince dilimlenmiş

¼ ila ½ çay kaşığı öğütülmüş kırmızı biber

⅓ fincan kuru şeri

2 yemek kaşığı limon suyu

¼ bardak doğranmış taze maydanoz

1. Donmuşsa balığı çözdürün. Balıkları durulayın; kağıt havluyla kurulayın. Balıkları biberle serpin. Büyük bir tavada 2 yemek kaşığı zeytinyağını orta ateşte ısıtın. Filetoları ekleyin; 10 dakika kadar veya çatalla test edildiğinde altın rengi kahverengi ve pul pul oluncaya kadar pişirin, pişirme işleminin yarısında bir kez çevirin. Balıkları bir tabağa aktarın ve sıcak tutmak için folyoyla örtün.

2. Bu arada başka bir büyük tavada 1 yemek kaşığı zeytinyağını orta ateşte ısıtın. Soğan, kırmızı biber, kıyılmış 2 diş sarımsak, kırmızı biber ve kekik ekleyin; 3 ila 5 dakika veya yumuşayana kadar pişirin ve karıştırın. Yeşillikleri ve suyu karıştırın. Kapağı kapatın ve 3 ila 4 dakika veya sıvı buharlaşana ve sebzeler yumuşayana kadar ara sıra karıştırarak pişirin. Servis yapana kadar üzerini kapatıp sıcak tutun.

3. Karides sosu için kalan 3 yemek kaşığı zeytinyağını balığın pişirildiği tavaya ekleyin. Karidesleri, dilimlenmiş 4 diş sarımsağı ve toz kırmızı biberi ekleyin. 2-3 dakika veya sarımsak altın rengine dönene kadar kızartın ve karıştırın. Karides ekleyin; Karidesler sertleşip pembeleşene kadar 2 ila 3 dakika pişirin. Şeri ve limon suyunu karıştırın. 1 ila 2 dakika veya hafifçe azalıncaya kadar pişirin. Maydanozu karıştırın.

4. Karides sosunu halibut filetolarının arasına paylaştırın. Yeşillikler ile servis yapın.

DENIZ ÜRÜNLERI ILE BOUILLABAISSE

İTALYAN CIOPPINO'SU GIBI, BU FRANSIZ DENIZ ÜRÜNLERI GÜVECIBALIK VE KABUKLU DENIZ ÜRÜNLERI, SARIMSAK, SOĞAN, DOMATES VE ŞARAPLA BIRLIKTE BIR TENCEREYE ATILAN GÜNÜN AVLARINDAN BIR SEÇKI GIBI GÖRÜNÜYOR. ANCAK BOUILLABAISSE'NIN KARAKTERISTIK TADI SAFRAN, REZENE VE PORTAKAL KABUĞU AROMALARININ BIRLEŞIMIDIR.

- 1 pound derisiz taze veya dondurulmuş pisi balığı filetosu, 1 inçlik parçalar halinde kesilmiş
- 4 yemek kaşığı zeytinyağı
- 2 su bardağı doğranmış soğan
- 4 diş sarımsak, ezilmiş
- 1 baş rezene, çekirdeği çıkarılmış ve doğranmış
- 6 adet roma domates, doğranmış
- ¾ bardak tavuk kemik suyu (bkz._yemek tarifi_) veya tuzsuz tavuk suyu
- ¼ bardak sek beyaz şarap
- 1 su bardağı ince doğranmış soğan
- 1 baş rezene, çekirdeği çıkarılmış ve ince doğranmış
- 6 diş sarımsak, kıyılmış
- 1 portakal
- 3 adet roma domates, ince doğranmış
- 4 tutam safran
- 1 yemek kaşığı taze doğranmış kekik
- 1 kilo midye, temizlenmiş ve durulanmış

1 kilo midye, sakalları alınmış, temizlenmiş ve durulanmış
   (bkz.İpuçları)

Taze doğranmış kekik (isteğe bağlı)

1. Halibut donmuşsa çözdürün. Balıkları durulayın; kağıt
   havluyla kurulayın. Balıkları bir kenara koyun.

2. 2 yemek kaşığı zeytinyağını 6 ila 8 litrelik Hollanda
   fırınında orta ateşte ısıtın. Tencereye 2 su bardağı
   doğranmış soğanı, 1 baş doğranmış rezeneyi ve 4 diş
   ezilmiş sarımsağı ekleyin. Ara sıra karıştırarak 7 ila 9
   dakika veya soğan yumuşayana kadar pişirin. 6 adet
   doğranmış domates ve 1 adet doğranmış rezeneyi
   ekleyin; 4 dakika daha pişirin. Tencereye tavuk kemik
   suyunu ve beyaz şarabı ekleyin; 5 dakika pişirin; biraz
   serinliyor. Sebze karışımını bir blender veya mutfak
   robotuna aktarın. Örtün ve pürüzsüz hale gelinceye
   kadar karıştırın veya işleyin; yan tarafa koyun.

3. Aynı Hollanda fırınında, kalan 1 yemek kaşığı
   zeytinyağını orta ateşte ısıtın. 1 su bardağı ince kıyılmış
   soğanı, 1 ince kıyılmış rezeneyi ve 6 diş kıyılmış
   sarımsağı ekleyin. Orta ateşte 5 ila 7 dakika veya
   neredeyse yumuşayana kadar sık sık karıştırarak
   pişirin.

4. Portakalın kabuğunu geniş şeritler halinde çıkarmak için
   bir sebze soyucu kullanın; yan tarafa koyun. Püre haline
   getirilmiş sebze karışımını, 3 adet doğranmış domatesi,
   safranı, kekik ve portakal kabuğu rendesini Hollanda
   fırınına ekleyin. Kaynamak; kaynamayı sürdürmek için
   ısıyı azaltın. İstiridye, midye ve balık ekleyin; Balıkları
   sosla kaplamak için yavaşça çevirin. Kaynamayı

sürdürmek için ısıyı gerektiği gibi ayarlayın. İstiridyeler ve taraklar açılıncaya ve balık çatalla test edildiğinde pul pul olmaya başlayana kadar 3 ila 5 dakika kadar kapağını kapatın ve pişirin. Servis yapmak için sığ kaselere dökün. İstenirse ekstra kekik serpin.

KLASIK KARIDES CEVICHE

EĞITIM:20 dakika pişirme: 2 dakika soğutma: 1 saat bekleme: 30 dakika yapım: 3 ila 4 porsiyon

BU LATIN AMERIKA YEMEĞI BIR PATLAMATATLAR VE DOKULAR. ÇITIR SALATALIK VE KEREVIZ, KREMALI AVOKADO, SICAK VE BAHARATLI JALAPENO VE TATLI VE NARIN KARIDESLER, LIMON SUYU VE ZEYTINYAĞINDA KIZARTILIYOR. GELENEKSEL CEVICHE'DE, LIMON SUYUNDAKI ASIT KARIDESI "PIŞIRIR"; ANCAK KAYNAR SUYA HIZLI BIR ŞEKILDE DALDIRMA, GÜVENLIK AÇISINDAN HIÇBIR ŞEYI ŞANSA BIRAKMAZ VE KARIDESIN LEZZETINE VEYA DOKUSUNA ZARAR VERMEZ.

- 1 pound taze veya dondurulmuş orta boy karides, soyulmuş ve tartılmış, kuyrukları çıkarılmış
- ½ salatalık, soyulmuş, çekirdeği çıkarılmış ve doğranmış
- 1 su bardağı doğranmış kereviz
- ½ küçük kırmızı soğan, doğranmış
- 1 ila 2 jalapeno, çekirdekleri çıkarılmış ve doğranmış (bkz.İpuçları)
- ½ su bardağı taze limon suyu
- 2 Roma domatesi, doğranmış
- 1 avokado, ikiye bölünmüş, çekirdeksiz, soyulmuş ve doğranmış
- ¼ fincan taze doğranmış kişniş
- 3 yemek kaşığı zeytinyağı
- ½ çay kaşığı karabiber

1. Dondurulmuşsa karidesleri çözün. Karidesleri temizleyin
   ve geliştirin; kuyrukları çıkarın. Karidesleri durulayın;
   kağıt havluyla kurulayın.

2. Büyük bir tencereyi yarısına kadar suyla doldurun.
   Kaynamak. Kaynayan suya karidesleri ekleyin. Kapağı
   açık olarak 1 ila 2 dakika veya karides opaklaşana kadar
   pişirin; sızıntı Karidesleri soğuk suyun altına koyun ve
   tekrar süzülmelerini sağlayın. Doğranmış karides.

3. Karides, salatalık, kereviz, soğan, jalapeno ve limon
   suyunu çok büyük, tepkimeye girmeyen bir kapta
   birleştirin. Bir veya iki kez karıştırarak 1 saat boyunca
   örtün ve soğutun.

4. Domates, avokado, kişniş, zeytinyağı ve karabiberi
   karıştırın. Örtün ve oda sıcaklığında 30 dakika bekletin.
   Servis yapmadan önce hafifçe karıştırın.

HINDISTAN CEVIZI VE ISPANAKLI SALATA

EĞITIM:25 dakika pişirme: 8 dakika: 4 porsiyon<u>RESIM</u>

TICARI OLARAK ÜRETILEN ZEYTINYAĞI SPREYI
KUTULARITAHIL ALKOLÜ, LESITIN VE ITICI GAZ IÇEREBILIR;
TEMIZ, GERÇEK YIYECEKLER YEMEYE ÇALIŞTIĞINIZDA VE
TAHILLARDAN, SAĞLIKSIZ YAĞLARDAN, BAKLAGILLERDEN VE
SÜT ÜRÜNLERINDEN UZAK DURDUĞUNUZDA IYI BIR KARIŞIM
DEĞILDIR. BIR YAĞ PÜSKÜRTÜCÜ, YAĞI INCE BIR SPREY
HALINE GETIRMEK IÇIN YALNIZCA HAVA KULLANIR;
KIZARTMADAN ÖNCE HINDISTANCEVIZI KABUKLARINI
HAFIFÇE KAPLAMAK IÇIN MÜKEMMELDIR.

1½ kilo taze veya dondurulmuş çok büyük kabuklu karides

Sızma zeytinyağı ile doldurulmuş Misto sprey şişesi

2 yumurta

¾ bardak kıyılmış veya kıyılmış, şekersiz hindistan cevizi

¾ su bardağı badem unu

½ bardak avokado yağı veya zeytinyağı

3 yemek kaşığı taze limon suyu

2 yemek kaşığı taze limon suyu

2 küçük diş sarımsak, kıyılmış

⅛ ila ¼ çay kaşığı öğütülmüş kırmızı biber

8 su bardağı taze bebek ıspanak

1 orta boy avokado, ikiye bölünmüş, çekirdeği çıkarılmış,
soyulmuş ve ince dilimlenmiş

1 turuncu veya sarı dolmalık biber, ince şeritler halinde
kesilmiş

½ su bardağı doğranmış kırmızı soğan

1. Dondurulmuşsa karidesleri çözün. Karidesleri temizleyip
   çıkarın, kuyruklarını sağlam bırakın. Karidesleri
   durulayın; kağıt havluyla kurulayın. Fırını 450°F'ye
   önceden ısıtın. Büyük bir fırın tepsisini folyoyla
   kaplayın; folyoyu Misto şişesinden püskürtülmüş yağla
   hafifçe yağlayın; yan tarafa koyun.

2. Yumurtaları sığ bir kapta çatalla çırpın. Başka bir sığ
   tabakta hindistancevizi ve badem ununu birleştirin.
   Karidesleri yumurtalara batırın, kaplayın. Hindistan
   cevizi karışımına batırın, kaplayacak şekilde bastırın
   (kuyrukları açıkta bırakın). Karidesleri hazırlanan fırın
   tepsisine tek kat halinde yerleştirin. Karideslerin
   üstünü Misto şişesinden yağ spreyi ile fırçalayın.

3. 8 ila 10 dakika kadar veya karidesler opaklaşana ve
   kaplama hafifçe kızarıncaya kadar pişirin.

4. Bu arada sos için avokado yağı, limon suyu, limon suyu,
   sarımsak ve ezilmiş kırmızı biberi küçük bir vidalı
   kapakta birleştirin. Örtün ve iyice çalkalayın.

5. Salatalar için ıspanakları dört servis tabağına paylaştırın.
   Üstüne avokado, kırmızı biber, kırmızı soğan ve
   karidesleri ekleyin. Üzerine pansuman gezdirin ve
   hemen servis yapın.

TROPIKAL KARIDES VE TARAKLI CEVICHE

EĞITIM:20 dakika Marine etme: 30 ila 60 dakika Yapılışı: 4 ila 6 porsiyon

SOĞUK VE HAFIF CEVICHE MÜKEMMEL BIR YEMEKTIRSICAK BIR YAZ GECESI IÇIN. KAVUN, MANGO, SERRANO BIBERI, REZENE VE MANGO-MISKET LIMONU SALATA SOSU ILE (BKZ.<u>YEMEK TARIFI</u>), BU ORIJINALIN SEVIMLI BIR YORUMUDUR.

- 1 kilo taze veya dondurulmuş midye
- 1 kilo taze veya dondurulmuş büyük karides
- 2 su bardağı doğranmış kavun
- 2 orta boy mango, çekirdekleri çıkarılmış, soyulmuş ve doğranmış (yaklaşık 2 bardak)
- 1 baş rezene, kesilmiş, dörde bölünmüş, özlü ve ince dilimlenmiş
- 1 orta boy kırmızı dolmalık biber, doğranmış (yaklaşık ¾ bardak)
- İstenirse çekirdekleri çıkarılmış ve ince dilimlenmiş 1 ila 2 serrano biber (bkz.<u>İpuçları</u>)
- ½ fincan hafifçe paketlenmiş taze kişniş, doğranmış
- 1 tarif Mango ve limonlu salata sosu (bkz.<u>yemek tarifi</u>)

1. Midye ve karidesler donmuşsa çözdürün. İstiridyeleri yatay olarak ikiye bölün. Karidesleri yatay olarak temizleyin, genişletin ve ikiye bölün. Tarak ve karidesleri durulayın; kağıt havluyla kurulayın. Büyük bir tencerenin dörtte üçünü suyla doldurun. Kaynamak. Karides ve deniz tarağı ekleyin; 3 ila 4 dakika veya karides ve deniz tarağı opaklaşana kadar pişirin; çabuk

soğuması için boşaltın ve soğuk suyla durulayın. İyice süzün ve bir kenara koyun.

2. Kavun, mango, rezene, dolmalık biber, serrano biberi ve kişnişi çok geniş bir kapta birleştirin. Mango-kireç salatası sosunu ekleyin; kaplamak için yavaşça fırlatın. Pişmiş karidesleri ve tarakları dikkatlice karıştırın. Servis yapmadan önce buzdolabında 30 ila 60 dakika marine edin.

AVOKADO YAĞI ILE JAMAIKA PISLIK KARIDES

BAŞTAN SONA:20 dakika: 4 porsiyon

TOPLAM YEMEK SÜRESI 20 DAKIKA OLUP,BU YEMEK, EN
YOĞUN GECELERDE BILE EVDE SAĞLIKLI BIR YEMEK YEMEK
IÇIN BIR BAŞKA CAZIP NEDEN DAHA SAĞLIYOR.

1 kilo taze veya dondurulmuş orta boy karides

1 su bardağı doğranmış mango, soyulmuş (1 orta boy)

⅓ bardak dilimlenmiş kırmızı soğan, dilimlenmiş

¼ fincan taze doğranmış kişniş

1 yemek kaşığı taze limon suyu

2 ila 3 yemek kaşığı Jamaika pislik baharatı (bkz.<u>yemek
 tarifi</u>)

1 yemek kaşığı sızma zeytinyağı

2 yemek kaşığı avokado yağı

1. Dondurulmuşsa karidesleri çözün. Orta boy bir kapta
 mango, soğan, kişniş ve limon suyunu birleştirin.

2. Karidesleri temizleyip çıkarın. Karidesleri durulayın;
 kağıt havluyla kurulayın. Karidesleri orta boy bir kaseye
 yerleştirin. Jamaika Jerk baharatını serpin; karidesleri
 her tarafa kaplamak için fırlatın.

3. Zeytinyağını büyük bir tavada orta-yüksek ateşte ısıtın.
 Karides ekleyin; yaklaşık 4 dakika veya opaklaşana
 kadar pişirin ve karıştırın. Karidesleri avokado yağıyla
 gezdirin ve mango karışımıyla servis yapın.

SOLMUŞ ISPANAKLI VE RADICCHIOLU KARIDESLI KARIDES

"SCAMPI" KLASIK BIR RESTORAN YEMEĞI ANLAMINA
GELIRTEREYAĞI VE BOL SARIMSAK VE LIMONLA HAŞLANMIŞ
VEYA KIZARTILMIŞ BÜYÜK KARIDESLER. BU BAHARATLI
ZEYTINYAĞI VERSIYONU PALEO ONAYLIDIR VE HIZLI BIR
ŞEKILDE RADIKŞI VE ISPANAK SOTELENMESIYLE BESIN
DEĞERI AÇISINDAN ZENGINLEŞTIRILMIŞTIR.

1 kilo taze veya dondurulmuş büyük karides

4 yemek kaşığı sızma zeytinyağı

6 diş sarımsak, kıyılmış

½ çay kaşığı karabiber

¼ bardak sek beyaz şarap

½ su bardağı doğranmış taze maydanoz

½ baş turp, çekirdeği çıkarılmış ve ince dilimlenmiş

½ çay kaşığı toz kırmızı biber

9 su bardağı bebek ıspanak

Limon çarkı

1. Dondurulmuşsa karidesleri çözün. Karidesleri temizleyip
   çıkarın, kuyruklarını sağlam bırakın. Büyük bir tavada 2
   yemek kaşığı zeytinyağını orta-yüksek ateşte ısıtın.
   Karidesleri, doğranmış 4 diş sarımsağı ve karabiberi
   ekleyin. Yaklaşık 3 dakika veya karidesler opaklaşana
   kadar pişirin ve karıştırın. Karides karışımını bir kaseye
   aktarın.

2. Tavaya beyaz şarap ekleyin. Tavanın dibindeki
   kahverengileşmiş sarımsakları gevşetmek için

karıştırarak pişirin. Karidesin üzerine şarap dökün; birleştirmek için yuvarlayın. Maydanozu karıştırın. Sıcak tutmak için gevşek bir şekilde folyo ile örtün; yan tarafa koyun.

3. Kalan 2 yemek kaşığı zeytinyağını, kalan 2 diş kıyılmış sarımsağı, turp ve ezilmiş kırmızı biberi tavaya ekleyin. Orta ateşte 3 dakika veya radikyo solmaya başlayana kadar pişirin ve karıştırın. Ispanağı dikkatlice karıştırın; 1-2 dakika daha veya ıspanaklar solana kadar pişirin ve karıştırın.

4. Servis yapmak için ıspanak karışımını üç servis tabağına bölün; üstüne karides karışımını dökün. Karideslerin ve sebzelerin üzerine sıkmak için limon dilimleri ile servis yapın.

AVOKADO, GREYFURT VE JICAMA ILE YENGEÇ SALATASI

EN IYI PARÇA VEYA YENGEÇ ETI EN IYISIDIRBU SALATA IÇIN. JUMBO YENGEÇ ETI, SALATALARDA IŞE YARAYAN BÜYÜK PARÇALARDAN OLUŞUR. BACKFIN, EZILMIŞ JUMBO YENGEÇ ETI PARÇALARI ILE YENGEÇ GÖVDESINDEN ELDE EDILEN DAHA KÜÇÜK YENGEÇ ETI PARÇALARININ BIR KARIŞIMIDIR. JUMBO YENGEÇTEN DAHA KÜÇÜK OLMASINA RAĞMEN ARKA YÜZGEÇ ÇOK IYI ÇALIŞIR. TAZE ELBETTE EN IYISIDIR, ANCAK ÇÖZÜLMÜŞ DONDURULMUŞ YENGEÇ DE IYI BIR ALTERNATIFTIR.

6 su bardağı bebek ıspanak

½ orta boy jicama, soyulmuş ve jülyen doğranmış*

2 pembe veya yakut kırmızısı greyfurt, soyulmuş, çekirdekleri çıkarılmış ve dörde bölünmüş**

2 küçük avokado, ikiye bölünmüş

1 kilo jumbo jumbo veya yengeç eti

Fesleğen-greyfurt sosu (sağdaki tarife bakın)

1. Ispanakları dört servis tabağına bölün. Üzerine jicama, greyfurt parçaları ve birikmiş meyve suyu, avokado ve yengeç eti ekleyin. Fesleğen ve greyfurt sosunu gezdirin.

Fesleğen-Greyfurt Sosu: ⅓ bardak sızma zeytinyağını vidalı kapaklı bir kavanozda birleştirin; ¼ bardak taze greyfurt suyu; 2 yemek kaşığı taze portakal suyu; ½ küçük arpacık soğanı, doğranmış; 2 yemek kaşığı ince kıyılmış taze fesleğen; ¼ çay kaşığı öğütülmüş kırmızı biber; ve ¼ çay kaşığı karabiber. Örtün ve iyice çalkalayın.

*İpucu: Jülyen soyucu, jicama'yı ince şeritler halinde kesmeyi hızlandırır.

**İpucu: Greyfurtu bölmek için meyvenin sapının ucundan ve tabanından bir dilim kesin. Çalışma yüzeyine dik olarak yerleştirin. Meyvenin yuvarlak şeklini takip ederek, kabuğunu şeritler halinde çıkarmak için meyveyi yukarıdan aşağıya doğru parçalar halinde kesin. Meyveyi bir kasenin üzerinde tutarak, bir soyma bıçağı kullanın ve meyvenin ortasını her bir parçanın yanlarından keserek özden kurtarın. Segmentleri, toplanan meyve suyuyla birlikte bir kaseye yerleştirin. Fişi atın.

CAJUN ISTAKOZ KUYRUĞUNU TARHUN AÏOLI ILE PIŞIRIN

EĞITIM:Pişirmek için 20 dakika: 30 dakika Yapılışı: 4 porsiyon<u>RESIM</u>

İKI KIŞILIK ROMANTIK BIR AKŞAM YEMEĞI IÇINBU TARIF KOLAYLIKLA IKIYE BÖLÜNEBILIR. ISTAKOZ KUYRUKLARININ KABUĞUNU KESMEK VE ZENGIN, LEZZETLI ET ELDE ETMEK IÇIN ÇOK KESKIN MUTFAK MAKASI KULLANIN.

2 Cajun çeşnisi tarifi (bkz.<u>yemek tarifi</u>)

12 diş sarımsak, soyulmuş ve ikiye bölünmüş

2 limon, ikiye bölünmüş

2 büyük havuç, soyulmuş

2 sap kereviz, soyulmuş

2 rezene soğanı, ince dilimlenmiş

1 kilo bütün mantar

4 adet 7 ila 8 onsluk Maine ıstakoz kuyruğu

4 x 8 inç bambu şiş

½ bardak Paleo Aïoli (Sarımsak Mayo) (bkz.<u>yemek tarifi</u>)

¼ fincan Dijon tarzı hardal (bkz.<u>yemek tarifi</u>)

2 yemek kaşığı taze doğranmış tarhun veya maydanoz

1. 6 bardak suyu, Cajun baharatını, sarımsağı ve limonları 8 litrelik bir tencerede birleştirin. Kaynamak; 5 dakika pişirin. Sıvıyı kaynamaya devam etmek için ısıyı azaltın.

2. Havuçları ve kerevizleri çapraz olarak dört parçaya bölün. Sıvıya havuç, kereviz ve rezeneyi ekleyin. Kapağını kapatıp 10 dakika pişirin. Mantar ekleyin;

örtün ve 5 dakika pişirin. Sebzeleri servis kasesine aktarmak için delikli bir kaşık kullanın; sıcak tutmak

3. Her ıstakoz kuyruğunun gövde ucundan başlayarak, bir şişi et ile kabuk arasına, neredeyse sonuna kadar kaydırın. (Bu, pişerken kuyruğun birbirine dolaşmasını önleyecektir.) Isıyı azaltın. Istakoz kuyruklarını tenceredeki zar zor kaynayan sıvının içinde 8 ila 12 dakika veya kabuklar parlak kırmızı oluncaya ve çatalla delindiğinde et yumuşayana kadar pişirin. Istakozu pişirme sıvısından çıkarın. Istakoz kuyruklarını tutmak için bir mutfak havlusu kullanın ve şişleri çıkarıp atın.

4. Paleo Aïoli, Dijon hardalı ve tarhun'u küçük bir kasede karıştırın. Istakoz ve sebzelerle servis edilir.

SAFRANLI AÏOLI ILE MIDYE BÖREĞI

BU FRANSIZ KLASIĞININ PALEO VERSIYONUBEYAZ ŞARAP VE OTLARLA BUHARDA PIŞIRILEN MIDYELER, INCE VE ÇITIR BEYAZ PATATES KEKLERIYLE SERVIS EDILIR. PIŞIRMEDEN ÖNCE KAPANMAYAN MIDYELERI VE PIŞTIKTEN SONRA AÇILMAYAN MIDYELERI ATIN.

YABAN HAVUCU BÖREĞI

1½ kg yaban havucu, soyulmuş ve 3×¼ inç jülyen şeklinde kesilmiş

3 yemek kaşığı zeytinyağı

2 diş sarımsak, kıyılmış

¼ çay kaşığı karabiber

⅛ çay kaşığı acı biber

SAFRAN AÏOLI

⅓ fincan Paleo Aïoli (Sarımsak Mayo) (bkz.<u>yemek tarifi</u>)

⅛ çay kaşığı safran iplikleri, hafifçe ezilmiş

MIDYE

4 yemek kaşığı zeytinyağı

½ su bardağı ince kıyılmış arpacık soğanı

6 diş sarımsak, kıyılmış

¼ çay kaşığı karabiber

3 bardak sek beyaz şarap

3 büyük dal düz yapraklı maydanoz

4 kg midye, temizlenmiş ve ayıklanmış*

¼ fincan taze doğranmış (düz yapraklı) İtalyan maydanozu.

2 yemek kaşığı taze doğranmış tarhun (isteğe bağlı)

1. Yaban havucu kurabiyeleri için fırını 450°F'ye önceden ısıtın. Kesilmiş yaban havuçlarını üzerini kaplayacak kadar soğuk suda 30 dakika buzdolabında bekletin; boşaltın ve kağıt havluyla kurulayın.

2. Büyük bir fırın tepsisini pişirme kağıdıyla kaplayın. Yaban havuçlarını çok geniş bir kaseye koyun. Küçük bir kapta 3 yemek kaşığı zeytinyağı, 2 diş kıyılmış sarımsak, ¼ çay kaşığı karabiber ve kırmızı biberi birleştirin; yaban havuçlarını üzerine serpip karıştırın. Yaban havuçlarını hazırlanan fırın tepsisine eşit bir tabaka halinde yerleştirin. 30 ila 35 dakika veya ara sıra karıştırarak yumuşayana ve kahverengileşmeye başlayana kadar pişirin.

3. Aïoli için Paleo Aïoli ve safranı küçük bir kasede birleştirin. Servis edene kadar örtün ve soğutun.

4. Bu arada, 6 ila 8 litrelik bir tencerede veya Hollanda fırınında, 4 yemek kaşığı zeytinyağını orta ateşte ısıtın. Arpacık soğanı, 6 diş sarımsak ve ¼ çay kaşığı karabiberi ekleyin; yakl. 2 dakika veya sık sık karıştırarak yumuşayana ve solgunlaşana kadar.

5. Tencereye şarap ve maydanoz dallarını ekleyin; kaynamak. Deniz taraklarını ekleyin, birkaç kez karıştırın. Sıkıca kapatın ve 3 ila 5 dakika veya cilt açılıncaya kadar iki kez hafifçe karıştırarak buharda pişirin. Açılmayan midyeleri atın.

6. Midyeleri sığ çorba kaselerine aktarmak için büyük bir kepçe kullanın. Maydanoz dallarını pişirme sıvısından

çıkarın ve atın; midyelerin üzerine pişirme sıvısını dökün. Kıyılmış maydanozu ve istenirse tarhun serpin. Yaban havucu kekleri ve safranlı aïoli ile hemen servis yapın.

*İpucu: Midyeleri satın alındığı gün pişirin. Doğadan toplanmış midye kullanıyorsanız, kum ve çakılları temizlemek için bir kase soğuk suda 20 dakika bekletin. (Çiftlikte yetiştirilen midyeler için bu gerekli değildir.) Midyeleri soğuk akan su altında teker teker temizlemek için sert bir fırça kullanın. Midyeleri pişirmeden yaklaşık 10 ila 15 dakika önce ayırın. Sakal, ağaç kabuğundan çıkan küçük bir lif grubudur. Sakalı çıkarmak için ipi baş parmağınız ve işaret parmağınız arasında kavrayın ve menteşeye doğru çekin. (Bu yöntem midyeleri öldürmez.) Ayrıca olta maşası veya cımbız da kullanabilirsiniz. Her midyenin kabuğunun sıkıca kapalı olduğundan emin olun. Açık kabuklar varsa, bunları yavaşça tezgahın üzerine vurun. Birkaç dakika içinde kapanmayan midyeleri atın.

PANCAR AROMALI KIZARMIŞ DENIZ TARAĞI

BAŞTAN SONA:30 dakikada: 4 porsiyon<u>RESIM</u>

NE KADAR GÜZEL BIR ALTIN KABUK,İSTIRIDYELERI TAVAYA EKLEMEDEN ÖNCE YÜZEYININ ÇOK KURU OLDUĞUNDAN VE TAVANIN GÜZEL VE SICAK OLDUĞUNDAN EMIN OLUN. AYRICA, ÇEVIRMEDEN ÖNCE DIKKATLICE KONTROL EDEREK, TARAKLARI 2 ILA 3 DAKIKA BOYUNCA RAHATSIZ EDILMEDEN KIZARTIN.

- 1 pound taze veya dondurulmuş deniz tarağı, kağıt havluyla kurutulmuş
- 3 orta boy pancar, soyulmuş ve ince doğranmış
- ½ Granny Smith elması, soyulmuş ve doğranmış
- 2 jalapeno, sapları çıkarılmış, çekirdekleri çıkarılmış ve doğranmış (bkz.<u>İpuçları</u>)
- ¼ bardak doğranmış taze kişniş
- 2 yemek kaşığı ince doğranmış kırmızı soğan
- 4 yemek kaşığı zeytinyağı
- 2 yemek kaşığı taze limon suyu
- Beyaz biber

1. Dondurulmuşsa istiridyeleri çözün.

2. Pancar tadı için pancar, elma, jalapeno biberi, kişniş, soğan, 2 yemek kaşığı zeytinyağı ve limon suyunu orta boy bir kapta birleştirin. İyice karıştırın. Deniz taraklarını hazırlarken bir kenara koyun.

3. İstiridyeleri durulayın; kağıt havluyla kurulayın. Geriye kalan 2 yemek kaşığı zeytinyağını büyük bir tavada orta-yüksek ateşte ısıtın. İstiridye ekleyin; 4 ila 6 dakika

veya dışı altın rengi kahverengi olana ve sadece opak olana kadar pişirin. Deniz taraklarına hafifçe beyaz biber serpin.

4. Servis yapmak için pancar lezzetini servis tabakları arasında eşit şekilde bölün; istiridye ile doldurun. Derhal servis yapın.

DEREOTU TURŞU SALSA ILE IZGARA DENIZ TARAĞI

EĞITIM:35 dakika soğuk: 1 ila 24 saat ızgara: 9 dakika yapım: 4 porsiyon

İŞTE EN MÜKEMMEL AVOKADOYU ELDE ETMEK IÇIN BIR IPUCU:PARLAK YEŞIL VE SERT OLDUKLARINDA SATIN ALIN VE BIRKAÇ GÜN TEZGAHTA PIŞIRIN; PARMAKLARINIZLA HAFIFÇE BASTIRDIĞINIZDA BIRAZ VERENE KADAR. SERT VE OLGUNLAŞMAMIŞ OLDUKLARINDA PIYASADAN NAKLIYE SIRASINDA ZEDELENMEZLER.

12 veya 16 taze veya dondurulmuş deniz tarağı (toplamda 1¼ ila 1¾ pound)

¼ bardak zeytinyağı

4 diş sarımsak, kıyılmış

1 çay kaşığı taze çekilmiş karabiber

2 orta boy kabak, kesilmiş ve uzunlamasına ikiye bölünmüş

½ orta boy salatalık, uzunlamasına ikiye bölünmüş ve enine ince dilimlenmiş

1 orta boy avokado, ikiye bölünmüş, çekirdeksiz, soyulmuş ve doğranmış

1 orta boy domates, çekirdeği çıkarılmış, çekirdeği çıkarılmış ve doğranmış

2 çay kaşığı doğranmış taze nane

1 çay kaşığı taze doğranmış dereotu

1. Dondurulmuşsa istiridyeleri çözün. İstiridyeleri soğuk suyla durulayın; kağıt havluyla kurulayın. 3 yemek kaşığı yağı, sarımsağı ve ¾ çay kaşığı biberi geniş bir kapta birleştirin. İstiridye ekleyin; kaplamak için

yavaşça fırlatın. Ara sıra karıştırarak en az 1 saat veya en fazla 24 saat boyunca örtün ve soğutun.

2. Kabak yarımlarını kalan 1 yemek kaşığı yağla fırçalayın; kalan ¼ çay kaşığı biberi eşit şekilde serpin.

3. Midyeleri süzün, turşuyu atın. Her bir şiş çifti için 3 veya 4 tarak kullanarak ve taraklar arasında ½ inçlik bir boşluk bırakarak, her bir taraktan 10 ila 12 inçlik iki şiş geçirin.* (Tarakları iki şişin üzerine geçirmek, onların hazırlanırken sabit kalmasına yardımcı olur ve kokladı..)

4. Kömürlü veya gazlı ızgara için, tarakları ve kabak yarımlarını doğrudan orta ateşte ızgaraya yerleştirin.** Ayrıca, taraklar opaklaşana ve kabaklar yumuşayana kadar, ızgaranın yarısında çevirerek ızgarayı kapatın. Deniz tarağı için 6 ila 8 dakika, kabak için ise 9 ila 11 dakika bekleyin.

5. Bu arada salsa için salatalık, avokado, domates, nane ve dereotunu orta boy bir kapta birleştirin. Birleştirmek için yavaşça karıştırın. Dört servis tabağının her birine 1 tarak şişi yerleştirin. Kabak yarımlarını çapraz olarak kesin ve tarak plakalarına yerleştirin. Salatalık karışımını tarakların üzerine eşit şekilde dağıtın.

*İpucu: Tahta şiş kullanıyorsanız, kullanmadan önce 30 dakika boyunca üzerini kaplayacak kadar suya batırın.

**Izgara yapmak için: 3. adımda anlatıldığı gibi hazırlayın. Deniz tarağı ve kabak yarımlarını ısıtılmamış bir ızgara tavasına yerleştirin. Fistolar opaklaşana ve kabaklar yumuşayana kadar 4 ila 5 inçlik ateşte pişirin, pişirme işleminin yarısında bir kez çevirin. Deniz tarağı için 6 ila 8 dakika, kabak için ise 10 ila 12 dakika bekleyin.

DOMATES, ZEYTINYAĞI VE OT SOSLU KIZARMIŞ DENIZ TARAĞI

EĞITIM:20 dakika pişirme süresi: 4 dakika: 4 porsiyon

PANSUMAN NEREDEYSE SICAK BIR SALATA SOSU
GIBIDIR.ZEYTINYAĞI, TAZE DOĞRANMIŞ DOMATES, LIMON
SUYU VE OTLAR BIRLEŞTIRILIR VE ÇOK HAFIFÇE ISITILIR -
TATLARIN BIRBIRINE KARIŞMASI IÇIN YETERLI - ARDINDAN
KIZARTILMIŞ DENIZ TARAĞI VE ÇITIR AYÇIÇEĞI FILIZLI
SALATA ILE SERVIS EDILIR.

MIDYE VE SOS

1 ila 1½ pound taze veya dondurulmuş büyük istiridye
(yaklaşık 12)

2 büyük Roma domatesi, soyulmuş,* çekirdekleri çıkarılmış
ve doğranmış

½ su bardağı zeytinyağı

2 yemek kaşığı taze limon suyu

2 yemek kaşığı taze doğranmış fesleğen

1 ila 2 çay kaşığı ince kıyılmış frenk soğanı

1 yemek kaşığı zeytinyağı

SALATA

4 su bardağı ayçiçeği tomurcuğu

1 limon, dilimler halinde kesilmiş

Sızma zeytinyağı

1. Dondurulmuşsa istiridyeleri çözün. İstiridyeleri
durulayın; kuraklık. Yan tarafa koyun.

2. Sos için küçük bir tencerede domatesleri, ½ su bardağı zeytinyağını, limon suyunu, fesleğeni ve frenk soğanını birleştirin; yan tarafa koyun.

3. Büyük bir tavada 1 yemek kaşığı zeytinyağını orta-yüksek ateşte ısıtın. İstiridye ekleyin; 4 ila 5 dakika veya kızarana ve opaklaşana kadar pişirin, pişirme işleminin yarısında bir kez çevirin.

4. Salata için lahanayı servis kasesine koyun. Limon dilimlerini lahananın üzerine bastırın ve üzerine biraz zeytinyağı serpin. Birleştirmek için karıştırın.

5. Sosu ılık olana kadar kısık ateşte ısıtın; kaynatmayınız. Servis yapmak için sosu tabağın ortasına kaşıklayın; yukarıda 3 mermi var. Filiz salatası ile servis edilir.

*İpucu: Bir domatesi kolayca soymak için, domatesi kaynar su dolu bir tencereye 30 saniye ila 1 dakika kadar veya kabuğu ayrılmaya başlayana kadar bırakın. Domatesleri kaynar sudan çıkarın ve pişirme işlemini durdurmak için hemen bir kase buzlu suya daldırın. Domates işlenecek kadar soğuduğunda kabuğunu çıkarın.

REZENE VE ARPACIK SOĞAN ILE KIMYONLA KAVRULMUŞ KARNABAHAR

EĞITIM:15 dakika pişirme: 25 dakika: 4 porsiyon<u>RESIM</u>

BUNDA ÖZELLIKLE ÇEKICI BIR ŞEY VARKAVRULMUŞ KARNABAHAR ILE KIMYONUN KAVRULMUŞ, DÜNYEVI AROMASININ BIRLEŞIMI HAKKINDA. BU YEMEĞIN EKSTRA TATLI UNSURU KURUTULMUŞ KUŞ ÜZÜMÜDÜR. İSTERSENIZ 2. ADIMDA KIMYON VE KUŞ ÜZÜMÜ ILE BIRLIKTE ¼ ILA ½ ÇAY KAŞIĞI EZILMIŞ KIRMIZI BIBERI BIRAZ ISITARAK EKLEYIN.

3 yemek kaşığı rafine edilmemiş hindistancevizi yağı

1 orta boy karnabahar, çiçeklere bölünmüş (4 ila 5 bardak)

2 rezene başı, kabaca doğranmış

1½ bardak dondurulmuş arpa soğanı, çözülmüş ve süzülmüş

¼ bardak kurutulmuş kuş üzümü

2 çay kaşığı öğütülmüş kimyon

Taze doğranmış dereotu (isteğe bağlı)

1. Hindistan cevizi yağını çok büyük bir tavada orta ateşte ısıtın. Karnabaharı, rezeneyi ve arpacık soğanı ekleyin. Kapağını kapatıp ara sıra karıştırarak 15 dakika pişirin.

2. Isıyı orta-düşük seviyeye düşürün. Kuş üzümü ve kimyonu tavaya yerleştirin; Yaklaşık 10 dakika veya karnabahar ve rezene yumuşak ve altın rengi oluncaya kadar kapağı açık pişirin. İstenirse dereotu ile süslenebilir.

SPAGETTI KABAKLI KALIN DOMATES VE PATLICAN SOSU

EĞITIM:30 dakika pişirme: 50 dakika soğuk: 10 dakika
kavurma: 10 dakika yapım: 4 porsiyon

BU BAHARATLI GARNITÜR KOLAYDIRBÜYÜK ÖLÇÜDE.
PATLICAN-DOMATES KARIŞIMINA, PATATES EZICIYLE
HAFIFÇE EZDIKTEN SONRA YAKLAŞIK 1 KG PIŞMIŞ KIYMA
VEYA BIZONU EKLEYIN.

1 2 ila 2½ kiloluk spagetti kabak

2 yemek kaşığı zeytinyağı

1 su bardağı doğranmış patlıcan, soyulmuş

¾ su bardağı doğranmış soğan

1 küçük kırmızı dolmalık biber, doğranmış (½ bardak)

4 diş sarımsak, kıyılmış

İstenirse soyulmuş ve kabaca doğranmış 4 orta boy olgun
    domates (yaklaşık 2 bardak)

½ bardak taze doğranmış fesleğen

1. Fırını 375°F'ye önceden ısıtın. Küçük bir fırın tepsisini
   pişirme kağıdıyla kaplayın. Spagetti kabağını çapraz
   olarak ikiye bölün. Tohumları ve ipleri kazımak için
   büyük bir kaşık kullanın. Kabak yarımlarını, kesilmiş
   tarafı aşağı gelecek şekilde hazırlanan fırın tepsisine
   yerleştirin. 50 ila 60 dakika boyunca veya kabak
   yumuşayana kadar kapağı açık olarak kızartın. Yaklaşık
   10 dakika kadar tel ızgara üzerinde soğutun.

2. Bu arada büyük bir tavada zeytinyağını orta ateşte ısıtın.
   Soğanı, patlıcanı ve biberi ekleyin; Ara sıra karıştırarak
   5 ila 7 dakika veya sebzeler yumuşayana kadar pişirin.

Sarımsakları ekleyin; 30 saniye daha pişirin ve karıştırın. Domates ekleyin; Ara sıra karıştırarak 3 ila 5 dakika veya domatesler yumuşayana kadar pişirin. Karışımı patates eziciyle dikkatlice ezin. Fesleğenin yarısını karıştırın. Kapağını kapatıp 2 dakika pişirin.

3. Kabak yarımlarını tutmak için bir kurulama havlusu veya havlu kullanın. Kabak etini orta boy bir kaseye kazımak için bir çatal kullanın. Kabağı dört servis tabağına bölün. Sosla eşit şekilde kaplayın. Kalan fesleğen serpin.

DOLDURULMUŞ PORTOBELLO MANTAR

EĞITIM:35 dakika pişirme: 20 dakika kavurma: 7 dakika verim:
4 porsiyon

EN TAZE PORTOBELLOLARI ELDE ETMEK IÇIN,SAPLARI HALA
SAĞLAM OLAN MANTARLARI ARAYIN. SOLUNGAÇLAR NEMLI
GÖRÜNMELI ANCAK ISLAK VEYA SIYAH OLMAMALIDIR VE
ARALARINDA IYI BIR AYRIM BULUNMALIDIR. HERHANGI BIR
MANTAR TÜRÜNÜ PIŞIRMEYE HAZIRLAMAK IÇIN HAFIF
NEMLI BIR KAĞIT HAVLUYLA SILIN. MANTARLARI ASLA SUYA
BATIRMAYIN VEYA SUYA BATIRMAYIN; ÇOK EMICIDIRLER VE
YUMUŞAK VE SULU HALE GELIRLER.

4 büyük portobello mantarı (toplamda yaklaşık 1 pound)

¼ bardak zeytinyağı

1 yemek kaşığı füme baharat (bkz._yemek tarifi_)

2 yemek kaşığı zeytinyağı

½ bardak doğranmış arpacık soğanı

1 yemek kaşığı ince kıyılmış sarımsak

1 kiloluk İsviçre pazı, sapları alınmış ve doğranmış
  (yaklaşık 10 bardak)

2 çay kaşığı Akdeniz baharatları (bkz._yemek tarifi_)

½ bardak doğranmış turp

1. Fırını 400°F'ye önceden ısıtın. Mantarların saplarını
   çıkarın ve 2. adıma ayırın. Bir kaşığın ucunu kullanarak
   solungaçları kapaklardan kazıyın; solungaçları atın.
   Mantar kapaklarını 3 litrelik dikdörtgen bir tavaya
   yerleştirin; Mantarların her iki tarafını da ¼ bardak
   zeytinyağıyla fırçalayın. Mantar kapaklarını, gövde
   tarafları yukarı bakacak şekilde çevirin; füme baharat

serpin. Pişirme kabını folyo ile örtün. Yaklaşık 20 dakika veya yumuşayana kadar üstü kapalı olarak pişirin.

2. Bu arada ayrılmış mantar saplarını doğrayın; yan tarafa koyun. Matul hazırlamak için yaprakların kalın damarlarını çıkarın ve atın. Duman yapraklarını kabaca doğrayın.

3. 2 yemek kaşığı zeytinyağını çok büyük bir tavada orta ateşte ısıtın. Arpacık soğanı ve sarımsak ekleyin; 30 saniye pişirin ve karıştırın. Kıyılmış mantar saplarını, doğranmış soğanı ve Akdeniz baharatlarını ekleyin. Ara sıra karıştırarak 6 ila 8 dakika veya matula yumuşayana kadar kapağı açık pişirin.

4. Yeşil soğan karışımını mantar kapaklarının arasına bölün. Tavada kalan sıvıyı doldurulmuş mantarların üzerine gezdirin. Kıyılmış turpların üzerine.

KIZARMIŞ RADIKCHIO

EĞITIM:20 dakika pişirme süresi: 15 dakika: 4 porsiyon

RADICCHIO EN ÇOK YENENDIRKARIŞIK SEBZELERE HOŞ BIR ACILIK KATMAK IÇIN SALATANIN BIR PARÇASI OLARAK KULLANILABILIR; ANCAK TEK BAŞINA DA KIZARTILABILIR VEYA IZGARADA PIŞIRILEBILIR. RADIKYO'NUN DOĞASINDA HAFIF BIR ACILIK VARDIR, ANCAK AŞIRI GÜÇLÜ OLMASINI ISTEMEZSINIZ. YAPRAKLARI SOLMAMIŞ, TAZE VE CANLI GÖRÜNEN DAHA KÜÇÜK BAŞLARI ARAYIN. KESILEN UÇ HAFIF KAHVERENGI OLABILIR ANCAK ÇOĞUNLUKLA BEYAZ OLMALIDIR. BU TARIFTE, SERVIS YAPMADAN ÖNCE BIR MIKTAR BALZAMIK SIRKE, BIR MIKTAR TATLILIK KATIYOR.

2 büyük radikşio başı

¼ bardak zeytinyağı

1 çay kaşığı Akdeniz baharatları (bkz.<u>yemek tarifi</u>)

¼ bardak balzamik sirke

1. Fırını 400°F'ye önceden ısıtın. Radikoyu dörde bölün, çekirdeğin bir kısmını bağlı bırakın (8 dilime sahip olmalısınız). Radicchio turlarının kesilmiş taraflarını zeytinyağıyla fırçalayın. Dilimleri kesilmiş tarafları aşağı bakacak şekilde bir fırın tepsisine yerleştirin; Akdeniz baharatlarını serpin.

2. Yaklaşık 15 dakika veya radikşio soluncaya kadar, yarı yolda bir kez çevirerek kızartın. Radicchioyu servis tabağına dizin. Balzamik sirkeyi gezdirin; hemen servis yapın.

PORTAKAL SOSLU KAVRULMUŞ REZENE

EĞITIM:25 dakika biftek: 25 dakika: 4 porsiyon

GERIYE KALAN SALATA SOSUNU ATMAK IÇIN SAKLAYINYEŞIL SALATAYLA VEYA IZGARA DOMUZ ETI, KÜMES HAYVANLARI VEYA BALIKLA SERVIS YAPIN. KALAN SALATA SOSUNU SIKICA KAPATILMIŞ BIR KAPTA BUZDOLABINDA 3 GÜNE KADAR SAKLAYIN.

6 yemek kaşığı sızma zeytinyağı ve ayrıca fırçalamak için daha fazlası

1 büyük rezene soğanı, kesilmiş, çekirdeği çıkarılmış ve dilimlenmiş (istenirse garnitür için yaprakları ayırın)

1 kırmızı soğan, dilimlenmiş

½ portakal, ince dilimlenmiş

½ su bardağı portakal suyu

2 yemek kaşığı beyaz şarap sirkesi veya şampanya sirkesi

2 yemek kaşığı elma şarabı

1 çay kaşığı öğütülmüş rezene tohumu

1 çay kaşığı ince kıyılmış portakal kabuğu

½ çay kaşığı Dijon usulü hardal (bkz.<u>yemek tarifi</u>)

Karabiber

1. Fırını 425°F'ye önceden ısıtın. Büyük bir fırın tepsisini zeytinyağıyla hafifçe yağlayın. Rezene, soğan ve portakal dilimlerini pişirme kağıdına dizin; 2 yemek kaşığı zeytinyağı gezdirin. Sebzeleri yağa bulayacak şekilde yavaşça atın.

2. Sebzeleri 25 ila 30 dakika kadar veya sebzeler yumuşayıncaya ve hafifçe kızarıncaya kadar kavurun, kavurma işleminin yarısında bir kez çevirin.

3. Bu arada portakal sosu için portakal suyunu, sirkeyi, elma şarabını, rezene tohumlarını, portakal kabuğu rendesini, Dijon hardalını ve biberi bir karıştırıcıda tatlandırın. Blender çalışırken, kalan 4 yemek kaşığı zeytinyağını ince bir akış halinde yavaşça ekleyin. Salata koyulaşana kadar çırpmaya devam edin.

4. Sebzeleri servis tabağına alın. Sebzeleri biraz sirke ile gezdirin. İstenirse ayrılmış rezene yapraklarıyla süsleyin.